AF438888

El Nuevo Ser Humano

"Manual de vida"

Victor Roude

Agradecimientos

Hola queridos amigos, en esta segunda edición de esta obra tengo muchísimas personas a las que tengo que hacerles llegar mi agradecimientos .

Ya han pasado casi 10 años de la primera edición, y encuentro que hoy El Nuevo Ser Humano está más vigente que nunca.

Tampoco pude imaginar hace tiempo atrás, de qué manera el mismo cambiaria la vida de tantas personas, y esa es una de mis más gratificantes satisfacciones; saber que cientos de personas, pudieron cambiar para mejor.

En esta segunda edición tengo que dar las gracias a todos aquellos, que me hicieron llegar su opinión y agradecimientos, ellos han sido quienes impusaron esta nueva y renovada obra.

Una vez más agradezco a Dios por permitirme escribir y darme la luz necesaria para que mis palabras lleguen a tantas personas que buscan una guia para vivir sanos felices y de manera consciente en este mundo.

Mi más profundo deseo es que encuentres en estas palabras, las respuestas que estas buscando y más aún las que no buscabas y tampoco sabías que las necesitabas.

Gracias por haber elegido este libro y de alguna manera apoyar este trabajo de continuar en el camino de ayudar a quienes se acerquen a buscar esa guía que todos necesitamos.

ÍNDICE

Mi nombre es Victor Roude y cuando menos lo pensé me convertí en escritor.

Llegue hasta aquí por conciencia, observando, experimentando, sintiendo y estando conectado con la fuente que ha creado todo, de esta manera, escribo sobre la vida, y las experiencias que ella trae, ya sean físicas, mentales y/o espirituales, escribir acerca de todo lo que ayude a las personas a vivir mejor, es la manera que practico, la espiritualidad aplicada como la he definido.

Podría decir que mis libros son autobiográficos, reconociéndome como parte activa de este mundo, donde todos y cada uno de nosotros, hacemos nuestro aporte.

Agradezco tu presencia, y hayas tomado unos minutos de tu vida para conocerme, pues eres tú quien da sentido a mi trabajo.

Si tienes opiniones o temas de tu interés, me lo hagas saber por qué, en este universo, nos retroalimentamos, y para mí tus opiniones e inquietudes son sumamente importante.

Gracias nuevamente, por permitirme continuar en contacto a través de la lectura, el pensamiento y sobre todo del espíritu de aprender, el cual todos debemos alimentar para ser personas que hagamos honor al privilegio de compartir esta vida.

Cada día que practicamos lo que sabemos, nos convierte en seres más sabios y a esa sabiduría, le damos más energía cuando la compartimos a través de nuestro ejemplo.

Ahora estamos reconvirtiéndonos, para que esta vida terrenal, que elegimos, sea la mejor que merezca ser vivida.

Te doy infinitas gracias por estar aquí, acompañándome y haciendo que este trabajo haya llegado a las mejores manos.

Quiero que sepas que me haría muy feliz si me dejas tu opinión a través de las redes sociales.

Por ahora te dejo un abrazo gigante de luz que te acompañe a lo largo de todo este recorrido.

El Autor

Tengo que anticiparte que aquí no encontrarás ninguna fórmula mágica: de cómo ser millonario, lograr el éxito en los negocios, triunfar en tu profesión, o como lograr ser el mejor orador, tener éxito en el amor o en las relaciones, etc.

Este libro te hablará únicamente acerca de ti y pretende ser una manera de ayudarte a que te conozcas y te reconozcas de una manera diferente a como te has visto hasta ahora, saber que esa otra persona dentro de ti es mucho más de lo que te has permitido ser, y así, tener la oportunidad de reconocer algo diferente, si diferente a lo que piensas y de lo que crees de ti mismo o de lo que te han hecho creer, que es solo una parte, una muy pequeña parte de ti, es decir la punta del iceberg: lo que se ve es muy pequeño y lo que está bajo la superficie es inmensamente grande y se mantiene fuera de la vista.

Porque tienes que saber algo, sí, algo muy importante: que lo real, lo verdadero, lo auténtico de ti mismo aún no se ha manifestado y no está en la superficie sino dentro de ti.

Este renacer de tu vida será algo que no se compara con nada de lo que ya hayas experimentado o pienses, es el florecer de un nuevo SER.

Ahora, tengo la esperanza que a medida que vayas leyendo estas líneas puedas identificarte con las palabras, señales, o hechos y los reconozcas como propios.

Esto te estará dando la señal que ya estas empezado: el proceso del cambio. Pero puede ocurrir que aún no lo sabes, y si lo sabes no lo entiendes muy bien, si estas dos cosas ya te pasan en todo caso podrás confirmarlas.

Otra opción es que realmente todo lo que leas te sea familiar, y eso será mejor porque descubrirás que no estás solo y que hay alguien más, que siente y piensa igual que tu.

Seguramente éste no es el primero ni será el último libro que leas, también estoy seguro que has leído algunos que han sido especiales y aún lo siguen siendo, que te han dejado un sabor de satisfacción y un mensaje, o un dejo de sabiduría que luego de leerlos has pensado que maravillosa es esta vida y cuantas cosas aún hay por ver. Esa es la sensación que quisiera que este libro te dejase.

He incluido estrofas, frases de personalidades celebres, mensajes y pasajes de diferentes libros entre ellos la Biblia, con la finalidad que puedas comprobar como este mensaje se ha querido transmitir desde hace cientos de décadas pero con diferentes palabras.

"Lo importante no es el mensajero sino el mensaje"

Anónimo

Se nos ha dado un tiempo un espacio y un lugar...
¿Cómo lo usamos?
¿Cómo transformamos nuestras vidas?
¿Qué es lo que nos hace tener deseos?
¿Depende de nosotros?
Se nos ha provisto absolutamente de todo y
¿Qué es lo que estamos haciendo con eso?
Nos han hablado de lo fantástica que es la vida, de
todo lo que podemos hacer o SER, que somos
perfectos, mágicos, inteligentes, sabios, creadores,
también que estamos hechos a imagen y semejanza del
Creador. Y así y todo continuamos teniendo una
existencia muy pobre.
¿Dónde está el problema? ¿Qué es lo que está mal?
¿Será que algo o alguien nos ha anulado, nos
bloquearon, nos lavaron la mente, nos programaron de
manera errónea?
¿Tenemos un chip que nos hace actuar como
dementes?
¿Para qué existimos? ¿De dónde vinimos?
¿Adónde vamos?
¿Hay más seres en otros planetas... y si los hay, cómo
son?
¿Qué es la realidad, la fantasía, qué son los sueños, los
sentimientos, las emociones, el cuerpo, la mente y el
espíritu?
¿Por qué nos deprimimos o nos alegramos?
¿Por qué nacemos o por qué morimos?
¿Es la tierra un ser vivo? ¿Qué es el universo?

¿Por qué seres tan "perfectos" en espíritu tenemos una vida física tan limitada?

¿Por qué hacemos de nuestras vidas un infierno si tenemos todo para que sea un paraíso?

¿Quién puede responder a todas las incógnitas, dónde está la respuesta a todas nuestras preguntas?

Le echamos la culpa a los demás, a las circunstancias, a los padres al país al gobierno al calentamiento global etc.

En fin… a todo lo que nos rodea, o sea a todo lo de afuera.

No será que no podemos vernos dentro de nosotros mismos, y descubrir lo que nunca encontraremos afuera.

"Cuando miras hacia fuera sueñas cuando miras hacia dentro despiertas"

Carel Jung

Es un buen comienzo ¿verdad?

Saber todo lo que no sabemos, y así entender por dónde empezar.

Tal vez tenemos mucho y no sabemos cómo usarlo, como una máquina que se le perdió el manual de instrucciones, y no encontramos por dónde empezar.

Y cada uno que quiere usarla aplica su criterio y los que no tienen criterio sigue las instrucciones de quienes dicen tenerlo.

"Yo solo sé que no sé nada"

Sócrates.

Qué gran verdad, vivimos como si supiéramos lo que hacemos y los resultados solo demuestran lo contrario.

¿No será que es tiempo de detenernos en esta carrera por llegar no sé a dónde y de hacer algo diferente?

El principio de la locura es... hacer la misma cosa una y otra vez y esperar obtener un resultado diferente"

Albert Einstein

¿No sientes que es tiempo de pensar diferente y hacer algo diferente?
Te voy a proponer que detengas tu vida.
Si... permítete parar de esta carrera y no hacer nada, solo siéntate en un lugar tranquilo, donde nada ni nadie te moleste, cierra tus ojos unos segundos.
...respira lento, muy lento, siente como el aire entra y sale de tus pulmones.
Trata de escuchar el silencio...
Si... siente el silencio, trata de oírlo e intenta poner tu mente en blanco...
¡No te sientes diferente!
Tal vez te dé vértigo o sientas miedo a esa sensación desconocida.
Pero cuando la puedes mantener por unos segundos y luego unos minutos, ¿qué pasa?
¿Qué piensas de esa sensación de paz, cuando experimentas que estas conectado con una fuente que te brinda equilibrio, armonía, plenitud y amor?
Cierras tus sentidos a lo externo y solo siente a tu corazón,
Esa maquinita que no necesita instrucciones y nos mantiene con vida.

La misma que te hace ser fantástico y maravilloso, que cuando lo escuchas nunca te equivocas, cuando sigues sus consejos concretas y realizas, él sabe exactamente qué necesitas, qué deseas y como lograrlo. Y sin embargo siempre lo cuestionamos.

Ahora llegaste hasta aquí, estás leyéndome y sabes qué... fue tu corazón, él fue quien te trajo aquí, sí, el que nunca se equivoca, fue él quien te pidió que me leas... ¿Y sabes por qué?

Porque él sabe que estás buscando respuestas a tus preguntas, sabe que quieres encontrar tu manual de instrucciones y como dijo el maestro Jesús el que busca encuentra y al que pide se le otorga.

¿Ves? Ya empezaron tus milagros

Y de eso se trata: que paso a paso seas consciente de que puedes crear tu vida y también disfrutarla.

¡Te felicito!

Solo déjate llevar, no juzgues, solo léelo y siéntelo, y cuando lo termines sabrás si esto es verdad...

Espero que si.

Pues lo he escrito para ti con mucho Amor, disfrútalo...

Solo eso lo demás vendrá solo

"La verdad se reconoce cuando se ve"

Para que tú reconozcas las verdades por ti mismo sólo tienes que adquirir conocimiento y luego experimentar. La vieja creencia nos indica que las personas con más experiencia son más sabias, pero la pregunta es: ¿cómo puedes entender lo que te pasa si no sabes? Parece un juego de palabras pero no lo es, sabes o experimentas.

Piensa qué pasa cada vez que tienes una experiencia, te ocurre algo, tienes una vivencia que te marca o hace activar tu conciencia…

Si tratabas de comprender qué te pasó o el porqué, entonces tu mente intenta encontrar respuestas, y ¿cuál es la fuente de información que tiene la mente?

Nuestro pasado…

La mente solo almacena nuestras vivencias , o sea que podríamos coincidir que estamos recurriendo a una fuente de información muy limitada, en tiempo y experiencias.

La mente trata de encontrar respuestas y cuando busca en sus archivos y no puede encontrarlas, es porque hemos tenido una experiencia, que no entendemos.

Segundo escenario, a la mente le hemos dado información así hemos adquirido conocimiento.

Entonces cuando la mente busca algo con lo cual identificarse y de esta manera poder entender la experiencia, resulta muy simple entender el porqué, porque si tienes conocimiento podrás fácilmente entender el significado de tu experiencia.

"La mente es como un paracaídas, funciona cuando se abre"

Aprender es entender por qué y luego corregir el error, tener la suficiente memoria, para recordar lo que has vivido en esta vida o en otras anteriores, ya que somos una fuente de sabiduría en nosotros mismos esperando que sólo la reconozcamos y permitamos sea manifestada. Lo que leas aquí, lo creerás o no pero nada ni nadie podrá hacerte creer nada si no sientes que es verdadero.

Quisiera dar algunos significados de palabras que usaré a lo largo de este libro, y te ayudarán a interpretar con más facilidad algunas frases y conceptos.

Cuerpo exterior: estamos significando el *cuerpo físico*, pero también esta palabra nos ayudará a entender cuando hablemos de *cuerpo interior. Más* aún, cuando hablemos de *cuerpo emocional,* se pretende en su lectura visualizar mentalmente un volumen que ocupa un lugar, pero no lleno de órganos sino de emociones o sensaciones. Ya ves está dicho metafóricamente y se expresa sólo con la finalidad que lo entendamos más fácilmente.

Cuando hablemos de *identificarse* significa reconocer algo como verdadero.

Despertar es tomar conciencia de lo que hacemos, cómo pensamos y cómo actuamos.

¿Qué significa un ***paradigma***?

Es un modelo o patrón en cualquier disciplina sea científica, social, lingüística, educativo etc

El término tiene también una acepción en el campo de la psicología refiriéndose a la concepción de ideas, pensamientos, creencias incorporadas generalmente durante nuestra primera etapa de vida, que se aceptan como verdaderas o falsas sin ponerla a prueba mediante un nuevo análisis.

Más allá de las definiciones de libro, te diré en simples palabras que un paradigma es una idea preconcebida por la mente y que adoptas como verdadera.

Permítete verte y aceptarte como un Ser completamente nuevo, alguien a quien cuando le permitas despertar, sea consciente por sí mismo de su propia naturaleza, mágica, pura, espiritual y llena de luz. Cuando hablamos de ser consciente nos referimos a vivir sintiendo y escuchando a nuestro ser interior, y sabemos que hacemos y por que lo hacemos.

El Ser Humano esta viviendo una etapa en los últimos años en que está reconociendo que el sistema de vida moderno (como se lo llama) no le da las respuestas y menos aun esa plenitid y satisfacción que buscamos a travez de la vida para que nos sintamos realizado y desde ya no estoy hablando de materialismo, sino de cómo alimentamos nuestras emociones.

La Humanidad está frente a problemas sin precedentes en toda su historia, destrucción de la naturaleza, agotamiento de los recursos naturales, fuentes tradicionales de energía, escasez, guerras, contaminación del agua, pandemias, crecimiento demográfico que de 4.000 millones de habitantes, se ha duplicado en los últimos 50 años, y eso ha producido que muchos pueblos sufran el hambre, malas condiciones de vida, sumado a eso también el cambio climático, que esta dañando al planeta y fomentado la desigual distribución de la riqueza.

¡Pero, no nos hemos dado cuenta de lo más importante !

Y lo más importante es que esta terrible realidad a la que nos enfrentamos son sólo síntomas de un tema más profundo, y es muy poco o casi nada lo que se está haciendo, incluive los planes, que se pretenden aplicar para poder   solucionar estos problemas que son solo paños tibios.

Pero en realidad no se está solucionando el problema de fondo, porque sólo se   atacan las consecuencias y no la causa.

¿En qué realmente debemos poner atención?

¡Sí! Estamos de acuerdo

¡En nosotros mismos!

El Ser Humano es en   algunos casos por acción y en otros por omisión, los mismos que hemos causado esta situación de tanta destrucción en el planeta.

De tanta desigualdad, de tantas guerras, hambre y sobre todo hemos actuado de manera irracional, contradiciendo la supuesta naturaleza de seres inteligentes que nos caracteriza, todo esto es lo que nos ha llevado a donde nos encontramos.

Sencillamente, somos todo en uno (siempre completos y perfectos): el Ser Humano es el problema y la solución pero aún no hemos sabido cómo llegar a un equilibrio con nuestro entorno con nuestro prójimo y, lo más importante, con nosotros mismos.

¿Por qué?

Porque el Ser Humano aún no ha entendido que estamos en este mundo con un denominador común, estamos aquí para aprender y practicar las ensenanzas, así es somos alumnos y debemos aprender

Nos preguntaremos ¿Qué debemos aprender?

Precisamente debemos aprender a "ser mejores"

¿Y que hacemos?

Actuamos y vivimos como si fuéramos maestros. Más aún una de nuestras características destacadas es que actuamos como malos alumnos que no escuchan, y tampoco entendemos cuál es el propósito de nuestra existencia, no sabemos de dónde venimos ni hacia dónde vamos.

Encontramos a un Ser Humano carente de dirección. Y son más las preguntas que las respuestas, pero así y todo actuamos como si fuéramos sabios de nuestra propia ignorancia.

Precisamente ese se supone ha sido el propósito de las religiones, que han sido un factor de división más que de unión y no han logrado su objetivo, desacreditadas por sus contaminaciones dogmáticas, morales, etc. Y han acabado sucumbiendo ante el empuje del materialismo.

Ni las religiones, sectas, ideologías, ni la política han logrado que el Ser Humano encuentre su camino.

¿Cómo podremos cambiar la actual situación a las que hemos llegado por mérito propio?

Antes que nada, necesitamos conocernos y asi saber quiénes somos y para qué estamos en este planeta.

Cuando lo sepamos, no actuaremos a ciegas.

Cuando nos demos cuenta de la realidad de nuestra existencia haremos las cosas de manera diferente...

Y ese será el principio de la transformación del ser humano y por ende de que el mismo, tenga una vida con sentido y en conciencia.

Las religiones intentaron enseñarnos que existe una realidad más allá de la que percibimos con nuestros cinco sentidos. Que es posible nacer a esa realidad en esta vida terrenal pero lamentablemente al Ser Humano esto no le ha dado satisfacción, sentir que encontraba respuestas a sus preguntas.

Hubo hombres y mujeres a lo largo de la historia que fueron iluminados, abrieron un camino de espiritualidad y trataron que viéramos las cosas de manera muy diferente.

Podemos decir que nos trataron de "despertar" o tratar de que "alcanzáramos la iluminación". Buda, Mahoma, Jesús de Nazaret.

Pero el gran conjunto de la Humanidad siempre ha permanecido "dormida", o ha caminado con los ojos cerrados e incapaces de ver la realidad desde una dimensión espiritual, actuando y modelando el mundo que se vive ajeno a esta realidad.

Pero ahora llega una época en la historia de la Humanidad donde se producirán "despertares" en masa.

En este despertar, el Ser Humano no necesitará ingresar en una religión, ni seguir a ningún gurú, por qué está llegando el momento, en que se aprenderá a conectar con la verdad que se encuentra en su interior.

Algunos podrán hacerlo por sí mismos, estableciendo su conexión interior, o podrán escucharse, y descubrir quiénes son, pero el apasionante viaje interior será una cuestión personal.

Cuando nos miremos hacia dentro, veremos quién somos realmente, cuando nos conectemos con nuestro verdadero ser alcanzaremos la conciencia, cuando abramos los ojos del espíritu y veamos una realidad que ha permanecido oculta, entonces ya no podremos hacer las cosas de la misma manera, ni sentir ni pensar.

Ese día, empezáremos a transformar el mundo, ese día comenzaremos a construir en el exterior el paraíso que encontraremos en nuestro interior.

Comenzará vuestro viaje para ser:

"Un Nuevo Ser Humano"

Cada nuevo día tenemos la oportunidad de hacer que nuestra vida terrenal tenga un sentido o sí ya la tiene, podemos enriquecerla de muchas maneras.

Ahora quiero aportarte ideas para que puedas hacer que tu vida sea vivida con calidad y lo que es más importante aún que puedas vivirla con la plenitud de la que somos capaces y no asumimos esa capacidad que ya tenemos, de la cual quiero hablarte.

Querido lector si tu ya has llegado a este punto, que eligistes este libro, y lo que es más importante aún lo está leyendo, te doy la bienvenida y espero poder aportarte conocimiento, si encuentras párrafos que ya han sido vividos por ti, mejor aún es una muy buena señal de que estamos en la misma sintonía.

La historia del hombre, si por historia tomamos aproximadamente los últimos 5000 años de los 5,5 a 4,5 millón de años que los científicos estiman el hombre apareció sobre la tierra, ha tenido una constante de curiosidad, investigación y misterio, ¿para qué estamos aquí? Es la pregunta que nos ha desvelado por siglos y quiénes somos.

¡Qué preguntas verdad!

El Ser Humano ha hecho miles de conjeturas miles de teorías en todos los planos psicológicos, espirituales, científicos, físicos etc. pero la verdad es que nunca hemos estado tan cerca de las respuestas como en este siglo XXI de los cuales somos protagonistas directos.

Pero como todo nuevo paradigma que se está formando, es necesario para poder verlo que cambiemos el lente que hemos usado por cientos de años, para realmente poder ver lo que viene a nuestras vidas.

El Ser Humano, como ser pensante superior ha sido creado para demostrar la perfección del Universo, y dentro de ese camino el demostrarnos quienes somos, así hemos usado la famosa teoría de prueba y error para poder reconocernos, este largo camino nos ha direccionados para poder entender de donde vinimos y hacia dónde vamos.

Una de las maneras más simples de entender este mecanismo es, a través de la naturaleza.

La misma se manifiesta de manera perfecta en todas sus expresiones, siguiendo sus siglos de manera simple y armónica con todo lo que la soporta, sol, agua, tierra y fuego, los cuatro elementos son simples y por eso no deja de ser mágico. El césped no hace ningún esfuerzo para crecer, los animales no sufren de estrés por las diferencias de climas o cualquier otro cambio que pretenda alterar su ecosistema, el clima no necesita de instrucciones para saber en qué momento llueve y cuando no.

Este maravilloso mundo y su naturaleza es la manera más simple de ver que perfecto es todo lo que nos rodea.

El ser humano parece haber sido traído a este sistema como se denomina habitualmente (como el SER superior), sin embargo parecería que se le borro la memoria y no tiene ni idea de cómo debe acompañar esta natural manera de crecer y mejorar ya que todo indicaría que vamos en reversa en el proceso de evolución.

El Ser Humano como lo entendemos hasta ahora se define y compone de tres áreas que lo materializan como tal: ***mente, cuerpo y espíritu.***

Vamos a hablar de cada una de ellas y de esta manera poder empezar a conocernos y definir claramente como estamos compuestos.

Para ser íntegros debemos buscar el equilibrio entre nuestro cuerpo, mente y espíritu, y así saber que: debemos cuidarnos físicamente, ser positivos en nuestros pensamientos y tener una conexión espiritual, este equilibro nos ayudará a tener una vida más sana y feliz.

Estamos viviendo en una época de los últimos años en la cual la constante búsqueda a nuestras preguntas está hallando respuestas, no solamente a través de maestros, información o experiencias que nos llegan directa o indirectamente, sino de manera más fidedigna, aún a través de nuestra conciencia, y es que el Ser humano está recordando y reconociendo las respuestas a sus preguntas.

En este magnífico universo, es y sera, todo un desafío que pondrá sobre la mesa nuestra verdadera naturaleza espiritual.

Pero como todo nuevo paradigma que se nos está presentando necesitaremos nuevas herramientas no sólo para poder entender estos cambios sino también para poder formar parte de esta nueva era del espíritu y con total plenitud asumir nuestra verdadera naturaleza espiritual.

Estamos viviendo una época en que la raza humana está llena de opciones para poder convertirnos en lo más supremos que podemos como seres terrenales y es, el ser verdaderos, de eso se trata este nuevo Ser Humano; una manera de reconocer que podemos transmutar nuestra naturaleza terrenal para reconocernos como alguien absolutamente diferente a lo que estamos viendo en este momento.

Esa es la oportunidad que tenemos y no debemos ni podemos dejar pasar, el convertirnos en un Ser Humano totalmente nuevo.

Somos creadores de nuestro propio Universo.

No hay que pensar en lo que eres, sino en lo que serás.

Cuando piensas en lo que eres ahora reconoce que es producto de lo que has vivido. Y lo que quieres ser, será producto de lo que decidas que quieres ser de ahora en adelante.

"Las mayores pérdidas se producen cuando

Se desaprovechan las oportunidades"

(Albert Einstein)

El estar vivos es una oportunidad que no podemos dejarla pasar ¡Aprovechémosla!

Somos Seres creadores y a eso hemos venido, a crear, si lo que hacemos es mucho, poco, mediocre o supremos sólo depende de cada uno de nosotros, todos llegamos con las mismas herramientas para construir: crear, traer hijos al mundo, hacemos obras, somos artistas, cantantes, músicos, inventores, genios, creamos situaciones, hechos, acontecimientos y todo lo que nos rodea en la vida es creado por nosotros salvo la naturaleza que tiene su propio creador, y eso ya nos habla de lo perfecto que pueden ser nuestras creaciones, si en los libros de religiones se dice que estamos hechos a semejanza del creador.-

¿Por qué actuamos como si fuéramos Seres dañados que hemos llegado a esta vida con fallas de fábrica?

La auténtica belleza no puede verse con los ojos físicos, la visión espiritual, al ser una visión perfecta no puede ver la estructura sino la esencia.

"No mirando las cosas que se ven, sino las que no se ven, pues las cosas que se ven son temporales, pero las que no se ven son eternas"

2 Corintios 4:1 La Biblia

¿Con qué te parece que nos quedamos, cuando nos hacen un regalo, como la vida? ¿Con el envoltorio o con el contenido?

"El descubrimiento más importante de mi época es que los seres humanos pueden mejorar sus vidas únicamente cambiando sus actitudes mentales"

William Jame (1850)

Esta palabra que ha generado tantos significados, en general se ha asocia con el cerebro.

Si hablamos físicamente, se supone que es la parte que produce la inteligencia del Ser humano a pesar, que su manifestación es intangible y abstracta en su definición.

Pero de lo que si estamos seguros es una de los tres componentes básicos del Ser Humano.

Podemos pensar en la mente, como el órgano que genera nuestros pensamientos, pero tiene una variante muy importante, ¿Cuál es? qué podemos entrenarla, eso significa, darle información para que nos ayude a usarla a nuestro favor, y eso es parte de nuestro libre albedrío.

Generar la información que nos permita llevar nuestros deseos y sueños para que se hagan realidad.

Vemos cómo funciona…

La mayoría de nosotros nos identificamos con la voz de la mente, esta voz es la que nos habla todo el tiempo y nos fabrica los pensamientos a lo largo de todo el día, día tras día.

Esta mente la llamaremos egotista, la llamamos así porque nos da la sensación del falso yo (EGO) esta sensación nos hace creer que somos el pensador, que somos los creadores de nuestros pensamientos pero en realidad no lo somos.

Solo estamos dominados por la mente y ella es tan hábil que nos hace creer que somos nosotros los amos.

Todos los EGOs son diferentes pero solo en apariencia, en esencia son todos iguales.

Cada pensamiento, opinión, interpretaciones, punto de vista, conjeturas, especulaciones y todo lo que signifique pensar, es solo producto de una mente, esa computadora natural que tenemos, que a lo largo de nuestra vida, es a la que le damos información.

Recordemos que siempre la información es creada en el pasado, pasado que la ha creado, con información que con el tiempo acumulamos, ni mala ni buena solo información, pero limitada.

Esa información está condicionada, de acuerdo a elementos como cultura, idioma, raza, religión, educación, familia, amigos, actividades etc.

¿Cómo funciona esto?

Permíteme graficártelo: vivimos un tiempo lineal, se define así porque lo podemos representar con una línea recta, línea que si ponemos un punto medio y le damos el nombre de presente, tendremos hacia la parte de atrás, el pasado y desde el punto del presente hacia delante el futuro, pueda parecer infantil y sencillo el ejemplo pero es de esta manera simple que nuestra mente entiende las cosas.

Nacemos y nuestra línea se empieza a trazar en la mente y cada sucesión de puntos (definición de recta) se crea con nuestra experiencia, estudios, padres, amigos, consejeros, medios de información, revistas, television, libros, etc.

Cada dato experiencia y vivencia va dando información a nuestra mente, así cargamos con datos a nuestra computadora interna.

Esta información es repetitiva, consecutiva y persistente con lo cual nos identificamos más intensamente, es lo que da a nuestra mente una entidad llamada EGO.

Y este se manifiesta en cada momento, ya que tiene sus características particulares.

Como se define o como son la características de esta entidad, que la mente ha creado.

En la mayoría de las veces cuando hablamos del yo es el EGO que se manifiesta.

Que es el EGO sino un paquete de informaciones convertidas en experiencia y emociones que se han formado con nuestra historia.

Hemos creado nuestro EGO, esta identidad tiene pensamiento y emociones.

En términos espirituales el EGO nos coloca en un estado de inconciencia, este estado de inconciencia está referido a que el EGO trabaja con el pasado y el futuro, no con el presente, ya que es de esta manera, el EGO desaparece.

El EGO necesita de tiempo pasado o futuro para preservarse y así es precisamente es como trabaja, con el fin de mantenernos ocupados en una ilusión temporal que la mente nos crea, esa ansiedad permanente de añorar los que paso y en el futuro de desear lo que aún no existe.

El EGO tiene muchas caras, eso hace que nos confunda, esa es una de las características del EGO, utiliza la confusión para generar dependencia.

Como identificamos al EGO?

Cuando nos definimos con lo que tenemos, eso es el EGO, cuando nos definimos por lo que somos, el Ego es quien nos habla, cuando nos definimos con lo que hacemos, tambien en el EGO.

Cuando nos quejamos es el EGO trabajando, la mente crea una situación de disconformidad y nos hace creer ciegamente en esa situación, no importa si la manifestamos o la tenemos dentro nuestro, a veces es solo esa la manera que tenemos de manifestarlo, cuando es así, generalmente, nos quejamos de los demás, el EGO coloca la culpa afuera, eso es una práctica muy habitual, desde ya que no somos conscientes de esta reacción somos inconscientes, o sea no sabemos lo que hacemos.

Todo lo que hay que hacer para obtener ayuda es pedir.

El acto de pedir nos lleva a ser humildes y a reconocer que solos no podemos resolverlo todo.

Cuanto más dominada esté la persona por su EGO, menor será su disposición a pedir ayuda.

Aquellas personas que no saben pedir ayuda, tarde o temprano comienzan a tener problemas en sus rodillas porque éstas representan nuestra humildad y nuestra capacidad para arrodillarnos frente a otros.

Cuando uno se ha vuelto rígido a causa de su orgullo, el cuerpo comienza a sufrir, al aplicarle adjetivos negativos a los demás "idiota, estúpido, perra, ignorante" ya sea personalmente o cuando hablamos con otras personas o simplemente cuando pensamos en ellos es otro de los patrones del EGO.

También encontramos niveles más bajos en la escala donde se manifiesta a través de gritos e insultos y puede llegar a la violencia física.

El pasado se puede proyectar en el futuro el futuro no es más que el pasado extendido pero el pasado no puede encarar el presente.

El presente es totalmente diferente, tiene una cualidad, del estar aquí y ahora.

El pasado ya no está, el presente es ahora.

Esta es una metáfora que nos ayuda a interpretar las partes más fácilmente, la misma fuente de todo lo vivo.

El pasado no puede enfrentarse al presente y por esto se mueve hacia el futuro, pero ambos solo son una imagen en nuestra mente ambos son no-existenciales.

"El pasado es historia, el futuro es misterio

y el presente es un regalo

por eso se llama presente"

El EGO, es tu ser alguien es tu pasado, cuando estamos en presente el EGO desaparece.

Los autodenominados "realistas "dirían que la mente es la manera más realista de ver las cosas, lo que les ha ocurrido es que han sido tomados por su mente a tal punto que no saben ni pueden considerar nada si antes su mente no lo aprueba, aunque esto sea contrario a su sentir (SER).

El EGO nos dice cuando tenemos éxito, él tiene su propia definición, generalmente es cuando conseguimos lo que nos hemos propuesto, también nos dice que tener éxito es triunfar, y así empezamos a crear nuestras conductas, hábitos, y manera de pensar cuando llegamos al presente solo dura un instante pero la mente no quiere diferenciar reconocer este momento de perfección, el presente o el ahora porque si la mente lo reconoce como tal, el EGO desaparece, y eso sería terrible porque parte de su defensa es el justificar su existencia.

Estas afirmaciones ayudan a salir y asi poder reconocer cuando estás en el ámbito del EGO.

Mi nivel de energía es excepcionalmente elevado.

Cuando comulgo con la fuente me mantengo inspirado. Tengo una ausencia total de crítica a todos y a todo, no me inmoviliza los pensamientos ajenos.

No le pongo atención a la enfermedad ya que tengo un cuerpo perfecto y en perfecta salud.

Yo no tengo deseos de ganar, o de estar en lo correcto, de dominar a los demás, el poder mío está en animar a los demás con mi presencia.

Nunca ofendo porque mi EGO no está involucrado en mis opiniones.

Nunca me enojo o soy hostil con las personas porque así solo apoyo la baja energía.

Mi sabiduría interna me permite ser infinitamente paciente y nunca estoy descontento con la velocidad o manera que mis intenciones se manifiestan.

Yo nunca sé lo suficiente.

Puedo crecer con lo que estoy recibiendo.

Soy una puerta que nunca se cierra a las posibilidades de esta manera soy muy receptivo a la abundancia que siempre fluye sin cesar.

Soy una persona triunfadora, pienso desde el final y experimento lo que deseo antes que se muestre en forma física.

Yo y mis sentimientos somos uno y asi determino estar sincronizado con el poder universal.

Si me pregunto ¿qué puedo hacer para que mis deseos sean realidad?

Le respondo:

¡Cambia la forma de ver las cosas y las cosas cambiaran de forma!

Para ir terminando te diré en síntesis que el propósito del EGO es controlar tu mente, en cada uno de tus pensamientos que generan miedo, el EGO está haciendo su trabajo, el tener miedo entre otras cosas te convierte en egotísta, te quita libertad, no te permite compartir, por la misma sensación en si misma que podrías tener una pérdida.

El aceptar lo que tu mente te dice, hace que lo conviertas en realidad, esto nos permite decir que *lo que pensamos es nuestra realidad.*

Así es… somos lo que pensamos.

¿Por qué es muy importante observar nuestros pensamientos?

Ellos tienen la cualidad de que podamos ser y hacer lo que aceptemos como verdadero.

"No hay nada que te impida que cumplas tus sueños, Pero vigila tus pensamientos. Que son los únicos que pueden hacer que fracases"

Victor Roude

El miedo es una sensación, no estamos hablando del miedo producido por una situación de peligro, sino de la sensación creada por tu mente a través del EGO.

Siempre que tienes miedo te engañas a ti mismo el miedo es falso, es solo un sentimiento creado por la mente y carece de sustento.

La mente lo crea para proteger al EGO.

El EGO tiene muchas herramientas para sobrevivir, la más importante es el miedo.

¿Cómo se manifiesta el miedo?

- ❖ Te paralizas
- ❖ Falta de confianza
- ❖ Actuamos como Seres imperfectos
- ❖ No deja que concretemos nuestros sueños
- ❖ Permites que otros decidan por nosotros
- ❖ No deja escuchar el corazón
- ❖ No deja que la intuición actúe
- ❖ Nos hace creer que no podemos concretar
- ❖ Falta de Fe
- ❖ Falta de seguridad
- ❖ Sentirnos vulnerables

En una escala más avanzada el miedo, produce

Alteraciones físicas, temblores, pánico, sudor, cambio de temperatura corporal, violentos cambios químicos en el cuerpo, producción de adrenalina etc.

Cuando quieras transformar el EGO en conciencia el primer paso será liberarte del miedo es solo la esencia de la liberación, no puedes entender la curación porque el miedo no te lo deja ver.

Liberarte del miedo te convertirá en un ser sano y libre.

Enfrentar al miedo es la manera más simple que desaparezca, cuando lo desafías, veras que era solo una ilusión

El miedo que se alimenta crece, solo tú decides si quieres una vida con o sin miedo.

El miedo paraliza, el miedo enferma el miedo no está afuera, está dentro nuestro.

Nuestra mente lo crea y todos le creemos de una u otra manera, hablar de no tenerlo es muy poco real ya que forma parte de nuestro sistema de defensa.

El desafío no es hacerlo desaparecer sino aprender a conquistarlo, cuando usamos el miedo para prevenir nos ayuda.

Si dejamos que nos paralice nos perjudica. Aprendamos a enfrentarlo y dominarlo.

Nelson Mandela dijo :

"Aprendí que el coraje no es la ausencia del miedo sino el triunfo sobre él".

El hombre o mujer valiente no es quien no siente miedo sino el que lo conquista.

Cuando le das poder a tu SER, tienes fe en ti mismo y dejas de colocar tu energía en la mente, entones el miedo desaparece.

El asumirte como un SER espiritual el creer y confiar es vital.

Cuando entras en ese mundo de confiar y creer, tu mundo se amplia de manera exponencial ya que no tendrás limites, podrás ver cosas, y crearlas cuando tu mente nunca las hubiera aceptado antes, y eso es precisamente lo que hará que ese proceso fantástico.

En este camino del SER, tu mente te colocará trampas para que te cuestiones y estas paradojas de la existencia humana serán parte de ese juego.

❖ Porque tenemos que aceptar el SER inmortales si estamos en un cuerpo mortal.

❖ Porque debemos creer en un Dios que no vemos.

❖ Porque tenemos que amar a nuestro prójimo, en un mundo de tanta desigualdad y falta de respeto.

❖ Porque deberíamos pensar en abundancia si la gente tiene tantas carencias.

❖ Porque deberíamos ser atentos y corteses en un mundo de tanta, falta de educación y respeto.

❖ Porque tenemos que sentirnos seguros si la inseguridad es parte de nuestras vidas.

"El miedo es la más grande discapacidad de todas "

Nick Vujici

La confianza es clave, tener la valentía de aceptarla y practicarla es la parte más importante, si esto no se manifiesta, tendrás que continuar trabajando para que así sea.

Cuando nuestro ser espiritual nos ha querido dar muestras de su existencia, lo hemos negado o minimizado atribuyendo estas manifestaciones, la suerte o a la casualidad.

Así automáticamente tu EGO vuelve a tomar control. Recuerda cuando más practicas algo, más confianza tendrás porque te darás la oportunidad de comprobar que los resultados se manifiestan.

No creas en la casualidad, no existe, tampoco la suerte, son conceptos que la mente ha creado para justificar lo que no puede explicar.

Cuando te preguntas, que es la suerte o la casualidad estás hablando de las cosas que tú has creado a través de tu SER, sin ser consciente de eso, porque de esta manera al tomar conciencia de eso le estarías quitando el poder al EGO, acepta esto como tu verdad, ya sean cosas buenas o malas para ti, tu solo tú eres el creador de todo lo que te pasa en tu vida, no continúes creyendo que fuerzas misteriosa manejan las cosas eligiendo situaciones y personas al azar.

Esto es muy peligroso, porque seguirás pensando que todo lo que te pasa, no tiene que ver contigo, y seguirás pensando en un concepto que es falso, porque lo verdadero eres tú.

Si aceptas esto y lo compruebas observando cuáles son tus pensamientos que mantienes en tu mente como deseos u objetivos lo comprobaras, y cuando lo corrobores ya estarás en posición de elegir con cuales pensamientos te quedas y cuales descartas para de esta manera elegir los que hacen que tu vida se enriquezca.

Esto es parte del proceso de darle a tu espíritu el lugar que merece o sea aceptándolo y dejándolo que entre a tu vida.

El punto clave es *confianza*.

Cuanto más serenes tu mente, y controles a tu EGO, estarás dándole la oportunidad, que el SER se muestre a través de la intuición espontánea, así será como se manifestará en un principio.

Luego el paso siguiente será el desarrollar tu sensibilidad y empezarás a recibir más información, esa información será parte del diálogo interno que tendrás.

Cuando este proceso vaya creciendo, producto de incrementar tu sensibilidad y tu diálogo interno, no podrás retroceder y empezarás a ver las cosas de manera diferente, serás más consiente del poder infinito que está dentro tuyo.

Si continúas dándole valor a tu EGO, tu espíritu se retirará y esperará a que se agote por sí mismo.

Pero recuerda que el tiempo que esto te lleve, será directamente proporcional al tiempo que te permitas seguir siendo un ser limitado y estático.

Y como consecuencia de ello verás que el tiempo más que ayudarte irá en tu contra, verás que la energía de las cosas que te rodean, ciudad, trabajo, relaciones al estar estancadas se agotan, te sentirás menos seguro, se crearan nuevos miedos porque estará bajando la energía de las cosas al no dejarlas fluir .

Estarás entrando en una zona de estancamiento que es la manera que se manifiesta una mente cansada, que no puede regenerarse a sí misma.

Pierdes la motivación, aparece el aburrimiento, el hastío, falta de seguridad y pueden aparecer enfermedades producto de un cuerpo que dejo entrar al estrés a través de la insatisfacción.

Tal vez no podamos definirlo (por la falta de conciencia) pero la realidad es que, lo que está ocurriendo, es que estamos actuando en contra de nuestra naturaleza.

Nos estamos agotando por poner resistencia, cuanta más resistencia usemos más rápido agotaremos nuestra energía vital.

Da el primer paso deja de lado al modelo de macho ALFA que dice saber todo y admítete como un SER hermoso y sabio, asumiendo que debes recordar y aprender.

Tú ya sabes algo, es que tu hermosura y sabiduría está dentro tuyo y serás valiente cuando te aceptas y no cuando te engañas.

Tu EGO se sentirá vulnerable y los demás EGOS se ocuparán de demostrar esto criticándote y haciéndote sentir débil e inseguro.

Esta nueva manera de aceptarte, te traerá la magia de manera constante.

Atraerás a las personas que necesitas, las situaciones que te favorezcan, irá modificando tus creencias sabiendo que todo lo nuevo que crees para ti irá en constante crecimiento, porque lo que es constante en esta vida es el cambio y el crecer.

Este proceso natural solo se detiene cuando tú decides creer en tu EGO y tarde o temprano veras las consecuencias, algunas personas son afortunadas y viven experiencias tan duras que reaccionan positivamente y se permiten la posibilidad de cambiar y creer, otras reaccionan negativamente y se estancan en un proceso de retroceso hasta su último día de vida que es cuando toman conciencia, pero ya será tarde.

¡Por eso cree, si, cree en ti mismo y actúa!

¡Por eso cree, si, cree en ti mismo y actúa!

Lo primero como en todos los casos cuando nos encontramos con un desafío, de mejorar algo ya sea mecánico, humano o los pensamientos es saber y reconocer en donde está la falla, de otra manera seguiremos actuando sin estar seguros que buscamos y menos aún, algo que no tenemos ni idea de que se trata.

Por eso es que al no saber lo que buscamos es muy posible que nunca lo encontremos.

Sabiendo que información es errónea debemos entender cómo cambiarla reconociendo primero cual es la manera correcta de hacerlo.

Por ejemplo, podemos hablar de una relación interpersonal que nos causa conflicto y no podemos hacer que se convierta en positiva es muy posible que solo estamos haciendo énfasis en las características negativas de la otra persona, eso solo nos deja una sensación de permanente disgusto o frustración por el conflicto que nos provoca, pero cuando tomamos conciencia y empezamos a ver las características positivas, el problema se convierte en solución.

Esto nos lleva a deducir que las cosas son malas o buenas solo dependiendo como las vemos.

Y también se convierten en buenas o malas dependiendo de la actitud que asumamos.

Somos exactamente como vemos a los demás, ese es un principio para aceptar, que nos ayuda a cambiar nuestras propias ideas y la de los demás.

Hace falta ser muy honestos y valientes con nosotros mismos para aceptar esta realidad, cada vez que alguien nos ofende, nos molesta o nos coloca en un plano de juzgar, nos está dando la oportunidad de ver algo en nosotros mismos que de otra manera seria muy difícil.

Observen que sutil y elegante manera de enseñar que tiene Dios.

No solo nos permite ver algo de nosotros, sino que lo hace de manera que no suframos emocionalmente, eso es así, siempre y cuando lo aceptemos, de otra manera comenzaremos a sufrir emocionalmente sintiéndonos ofendidos, heridos y nuestra auto estima (creación del EGO) nos produce dolor en el cuerpo emocional.

Si creemos que todo es bueno será verdad y si pensamos lo contrario también lo será este es un principio muy simple pero por alguna extraña razón un concepto muy difícil de asumir por el Ser humano.

Albert Einstein, decía que la pregunta más importante que un ser humano podía hacerse en la vida era: *¿vivo en un universo hostil o amigable?* De la respuesta que demos a esta pregunta, dependerá la forma en que se va a desplegar nuestra vida.

Si crees que vives en un universo hostil, vas a vivir con miedo, todo el día alerta. Verás amenazas incluso dónde no las hay. Mirarás al otro como a un oponente y el otro lo va a notar y a reaccionar ante ti con esa misma hostilidad que tú le muestras (aunque sea de una forma sutil, no consciente…).

Si crees que vives en un universo amigable, que la vida te está tendiendo la mano, deseosa de que tú se la estreches, vas a vivir más tranquilo… Puedes ver oportunidades dónde antes no las veías. Puedes mirar al otro como un Ser Humano que, como tú, está haciendo su camino. Alguien que te puede aportar y a quien tu puedes aportar. Alguien con quien puedes cooperar.

Recordemos que dentro de nuestro mal entrenamiento hemos aprendido que para que algo sea importante tiene que ser complicado, las cosas fáciles no las consideramos como buenas.

Porque no nos cuesta trabajo ¡Error!

Tenemos una memoria interna que nos provoca la tendencia de ser negativos en nuestras apreciaciones.

Los antiguos monjes del Tíbet tenían una muy efectiva fórmula para cambiar malos hábitos y se llama la ley de los 21 días y consistía en practicar un hábito diferente durante 21 días ininterrumpidamente.

Asumamos que debemos cambiar nuestra manera de pensar, o sea deseducarnos para educarnos nuevamente, vaciar nuestra mente para llenarla de nuevas ideas, pero con pensamientos positivos, identificando el EGO y no dejando que nos coloquen en un estado de inconciencia permanente.

Esta es la manera que podremos comenzar a vivir en el presente, lo que aún es más positivo para conectarnos con nuestro SER, que aprendamos a reconocer nuestros pensamientos para de esta manera poder modificarlos.

Estemos alertas a la voz de nuestra mente y veremos qué fácil descubrimos la trampa en la que nos quiere hace caer.

Si tienes un problema, la mente te lo crea.

Si es difícil, la mente no lo sabe resolver

Si rechazas a alguien, es el EGO que tiene competencia.

Si NO eres creativo, tu mente te dice que eres práctico.

Como veras la mente es eso, límite ya que no tiene ni la información ni el conocimiento para poder traerte sabiduría y entendimiento más allá de la información que tenemos almacenada. Y ¿cuánta información podemos acumular?

Tanta como el tiempo que hemos vivido, mientras que el SER tiene la sabiduría de lo eterno.

Cuando vivimos en presente estamos en conciencia, resulta fácil decirlo pero difícil de practicar después que hemos llevado toda una vida escuchando solo a nuestra mente.

Una de las maneras de empezar a estar en conciencia es cuando practicamos la meditación, es una manera muy fácil de colocar a nuestra mente en silencio.

La práctica de la meditación te ayudara a ejercitar tu aquí y ahora.

Hay muchas técnicas diferentes pero lo más importante en este capítulo, es que puedas sentir la sensación de aquietar a tu mente, de esta manera, saber cuándo ella te quiera distraer para no perder su protagonismo.

Luego con el tiempo podrás diferenciar, cuál es la voz que escuchas dentro de ti.

Recuerda llevas años practicando cierta manera de pensar la que ha producido gran parte de tus pensamientos negativos, con miedos y preocupaciones, producto de pensar de forma erronea.

El desafío es muy grande pero una vez que empieces a disfrutar de los beneficios de esta práctica sentirás que, tienes una vida diferente ¿por qué?

Precisamente has roto con el paradigma que tu mente ha querido imponerte, y podrás crear el tú propio

Sentirás que nada es un límite ya que no dejaras que sea tu mente la que decida eso, porque habrás pasado el control de mando a tu SER, la mente tiene un trabajo muy definido e importante pero siempre que seas tu quien la controle y la entrenes, de otra manera serás su esclavo.

No debemos dejar que todo lo que es externo, sea lo que nos condicione, sino nuestro SER interno sea el que tenga la última palabra.

"La mente que se abre a una nueva idea nunca volverá a su tamaño original"

(Albert Einstein)

La mente busca incasablemente la manera de alimentar esa necesidad de satisfacción que nuestro EGO pide, y en realidad lo que ocurre es que está queriendo solo satisfacerse a sí mismo (el yo) ya que mientras sigamos identificándonos con lo externo seguiremos teniendo esa sensación de insatisfacción, la cual es solo producto de que lo físico es limitado, y el SER es eterno e infinito.

Todo lo externo, la casa, el auto, un viaje, el dinero todas las cosas físicas, son perennes se terminan en algún momento es solo cuestión de tiempo, podemos hablar de minutos o de años pero indefectiblemente, termina.

Esta es una realidad, y nuestro EGO se desespera por que no puede mantener su status.

Recuerda que al EGO nada lo satisface permanentemente, mientras controle nuestras vidas nos hará infelices de dos manera, una cuando no podemos conseguir lo que queremos y la otra cuando lo conseguimos.

La verdad es que lo físico se termina, va dejando un vacío que no podemos cubrir con nada, porque durante toda nuestra vida hemos identificado nuestra realidad con una identidad que no nos ha permitido, conectarnos con nuestra naturaleza espiritual y por ende infinita.

¿Qué va ocurriendo?

Nos encontramos en un paradigma perpetuo de insatisfacción.

Cada período de tiempo que queramos tomar como referencia para probar esta afirmación nos demuestra que imperfecta que es nuestra realidad física.

El SER humano se debate entre las dos emociones que lo gobierna el temor y el amor.

Recordemos que somos lo que elegimos.

¡Elijamos el amor!

Le preguntaron al Dalai Lama:

¿Qué le sorprende más de la humanidad?

Su respuesta: Los hombres... Porque pierden la salud para ganar dinero, después pierden el dinero para recuperar la salud, y por pensar ansiosamente en el futuro no disfrutan el presente, por lo que no viven ni el presente ni el futuro, y viven como si no tuvieran que morir nunca... y mueren como si nunca hubieran vivido.

Un período de tiempo que es muy común en términos prácticos es mes a mes o semana a semana (como el tiempo lineal de que hablaremos) éste se repite como una constante, y puede manifestarse de muchas maneras, terminar un trabajo o tarea que debemos hacer, o nos han asignado pero que de una u otra forma nos coloca en estado de estrés, como también puede ser pagar cuentas.

¿Qué es lo que está ocurriendo?

Nuestra mente nos advierte de todas las cosas negativas que nos van a ocurrir, ¡Cuidado, toma más previsiones tal vez te resulte difícil este mes pagar la renta!

Cuida tu trabajo podrías perderlo, eso que reclamas o discutes puede traerte consecuencias, etc.

Ahora realiza el siguiente ejercicio, tomar nota de tus pensamientos de catástrofe que mes a mes o semana a semana te asaltan, no tenemos que irnos muy lejos en el tiempo ya que el Ser humano en general tiene una memoria muy corta y luego lo confrontas con lo que realmente ha ocurrido.

¡Te sorprenderás! Cuando compruebes que gran parte de tus profecías, no se cumplieron.

Este muy simple ejercicio te demostrará que tu mente está condicionada por una mala educación negativa, te engañó una vez más dejándote creer, un escenario de catástrofe y pensamientos negativos.

No quiero con esto decir que no cumplamos con nuestras obligaciones o responsabilidades, y dejar que el universo se ocupe de todo.

Es importante descubrir que el EGO de nuestra mente nos hace pensar en que somos seres necesitados de vivir preocupados, y lo autentico es que debemos confiar en la capacidad innata, que podermos crear nuestras ideas y pensamientos basados en el SER.

Si son con Fe y positivos, no deberás hacer ningún esfuerzo, pero si por el contrario, dejas que sea tu mente la que de las instrucciones, descubrirás que difícil es absolutamente todo.

Lo que significa que en ese momento sabrás que la mayor parte o todo lo que ha sido profetizado por tu mente no se cumplirán.

Las cuentas se pagan, las llamadas anunciando terribles cosas no se producíran, el cliente que creias nunca iva a comprar compro y así podríamos relatar una infinidad de ejemplos.

La conclusión es muy clara, tu mente te engaña sistemáticamente todo los meses, semanas o años, a travez de la información que tenía (muy poca) ella solo podía anunciarte catástrofes si eres negativo, y si eres positivo, tus predicciones han sido confiando en ti, asi podras sentir que tu SER te dirá no te preocupes .

Evidentemente el identificarte con tu mente por largos años ha producido una dependencia de información que logra que tu atención y tu cuerpo a través de sentir el estrés de los problemas creados por tu mente, te pidieran a gritos que no me preocupes.

El día que descubras este truco que tu EGO ha creado, será un nuevo renacer, ya que nada a partir de ese momento te volverá a preocupar, sólo te ocuparás ya que sabrás que esas preocupaciónes son falsas ¿por qué? porqué la preocupación la generaba tu mente; el SER no necesita de eso, por que realmente sabe que las cosas son positivas.

La madre Teresa de Calcuta describía el silencio y su relación con Dios diciendo: *"Dios es amigo del Silencio"*.

Observa como la naturaleza, los árboles, la hierba crece en silencio… Necesitamos el silencio para poder tocar las almas... Incluso la tuya.

Un texto de la filosofía Zen que expresa muy simple la salud del silencio.

1 - Habla simplemente cuando sea necesario. Piensa lo que vas a decir antes de abrir la boca. Se breve y preciso ya que cada vez que dejas salir una palabra, dejas salir al mismo tiempo una parte de tu chi. De esta manera aprenderás a desarrollar el arte de hablar sin perder energía. Nunca hagas promesas que no puedas cumplir.

No te quejes y no utilices en tu vocabulario palabras que proyecten imágenes negativas porque se producirá alrededor de ti todo lo que has fabricado con tus palabras Cargadas de Chi

2- Si no tienes nada bueno, verdadero y útil qué decir, es mejor quedarse callado y no decir nada. Aprende a ser como un espejo: Escucha y refleja la energía. El universo mismo es el mejor ejemplo de un espejo que la naturaleza nos ha dado, porque el universo acepta sin condiciones nuestros pensamientos, nuestras emociones, nuestras palabras, nuestras acciones y nos envía el reflejo de nuestra propia energía bajo la forma de las diferentes circunstancias que se presentan en nuestra vida.

3- Si te identificas con el éxito, tendrás éxito. Si te identificas con el fracaso, tendrás fracasos. Así podemos observar que las circunstancias que vivimos son simplemente manifestaciones externas del contenido de nuestra habladuría interna.

4- Aprende a SER como el universo, escuchando y reflejando la energía sin emociones densas y sin prejuicios. Porque siendo como un espejo sin emociones aprendemos a hablar de otra manera. Con el poder mental tranquilo y en silencio, sin darle oportunidad de imponerse con nuestras opiniones personales y evitando que tenga reacciones emocionales excesivas, simplemente permite una comunicación sincera y fluida.

5- No te des mucha importancia, y se humilde, pues cuanto más te muestras superior, inteligente y prepotente, más te vuelves prisionero de tu propia imagen y vives en un mundo de tensión e ilusiones. Sé discreto, preserva tu vida íntima, de esta manera te liberas de la opinión de los otros y llevarás una vida tranquila volviéndole invisible, misterioso, indefinible, insondable como el Tao.

6- No compitas con los demás, vuélvete como la tierra que nos nutre, que nos da lo que necesitamos. Ayuda a los otros a percibir sus cualidades, a percibir sus virtudes, a brillar. El espíritu competitivo hace que crezca el EGO y crea conflictos inevitablemente. Ten confianza en ti mismo, preserva tu paz interna evitando entrar en la provocación y en las trampas de los otros.

7- No te comprometas fácilmente. Si actúas de manera precipitada sin tomar conciencia profunda de la situación, te vas a crear complicaciones La gente no tiene confianza en aquellos que muy fácilmente dicen "sí", porque saben que ese famoso "sí" no es sólido y le falta valor. Toma un momento de silencio interno para considerar todo lo que se presenta y toma tu decisión después. Así desarrollarás la confianza en ti mismo y la sabiduría.

8- Si realmente hay algo que no sabes, o no tienes la respuesta a la pregunta que te han hecho, aceptarlo. El hecho de no saber es muy incómodo para el EGO porque le gusta saber todo, siempre tener razón y siempre dar su opinión muy personal. En realidad el EGO no sabe nada simplemente hace creer que sabe.

9- Evita el hecho de juzgar y de criticar, el Tao es imparcial y sin juicios, no critica a la gente, tiene una compasión infinita y no conoce la dualidad. Cada vez que juzgas a alguien lo único que haces es expresar tu opinión muy personal y es una pérdida de energía, es puro ruido.

Juzgar es una manera de esconder sus propias debilidades. El sabio tolera todo y no dirá ni una palabra.

10- Recuerda que todo lo que te molesta de los otros es una proyección de todo lo que todavía no has resulto de ti mismo Deja que cada quién resuelva sus propios problemas y concentra tu energía en tu propia vida. Ocupate de ti mismo, no te defiendas.

11- Cuando tratas de defenderte en realidad estás dándole demasiada importancia a las palabras de los otros y le das más fuerza a su agresión. Si aceptas el no defenderte estás mostrando que las opiniones de los demás no te afectan, que son simplemente opiniones y que no necesitas convencer a los otros para ser feliz.

12- Tu silencio interno te vuelve impasible. Haz regularmente un ayuno de la palabra para volver a educar al EGO que tiene la mala costumbre de hablar todo el tiempo, práctica el arte de no hablar. Toma un día a la semana para abstenerte de hablar. O por lo menos algunas horas en el día según lo permita tu organización personal. Este es un ejercicio excelente para conocer y aprender el universo del Tao ilimitado en lugar de tratar de explicar con las palabras qué es el Tao.

13- Progresivamente desarrollarás el arte de hablar sin hablar y tu verdadera naturaleza interna remplazará tu personalidad artificial, dejando aparecer la luz de tu corazón y el poder de la sabiduría del silencio. Gracias a esta gran fuerza atraerás hacia ti todo lo que necesitas para realizarte y liberarte completamente. Pero hay que tener cuidado de que el EGO no se inmiscuya.

El poder permanece cuando el EGO se queda tranquilo y en silencio. Si tu EGO se impone y abusa de este poder el mismo poder se convertirá en un veneno, y todo tu SER se envenenará rápidamente

14- Quédate en silencio, cultiva tu propio poder interno. Respeta la vida de los demás y de todo lo que existe en el mundo. No trates de forzar, manipular y controlar a los otros.

Conviértete en tu propio maestro y deja a los demás sean lo que son, o lo que tienen la capacidad de ser. Dicho en otras palabras, vive siguiendo la vida sagrada del Tao.

Paradigma de la mente

Nuestro EGO, como método para subsistir diferenciando lo verdadero de lo falso nos crea paradigmas que los seguimos al pie de la letra. Esto es muy simple descubrirlos ya que los usamos permanentemente y no lo percibimos ya que nuestro EGO no solo nos lo hace creer, también se ocupa de reforzar nuestro sentir para que lo mantengamos en el tiempo.

Vamos a realizar un ejercicio físico y descubrimos que nos cansamos con facilidad, ya sea correr, nadar o cualquier actividad deportiva, sentiremos fácilmente que no poseemos las mejores condiciones, más aun si no lo hacemos regularmente, la mente nos dice que nuestro organismo es deficiente, no tolera tantas pulsaciones por minuto, el aire no es el suficiente para nuestros pulmones, creemos que moriremos de solo pensar en el esfuerzo que debemos realizar, entonces recordamos esa competencia que vimos y pensamos en esos súper humanos podían hacer esos inimaginables esfuerzos y llegaban a la meta como si hubieran dado un paseo .

¿Qué pasó? Hemos creado un paradigma en nuestra mente, ya descubrió y nos convenció que no estamos capacitado para hacer tremendo esfuerzo y ella te coloca las reglas y limites, ella te dirá como y cuando puedes hacer esto o aquello sin necesidad de morir en el intento.

Olvida el querer sobresalir tú sólo puedes hacer esto y aquello pero muy suave recuerda que tu cuerpo es muy frágil

¿Te identificas?

Este es solo un ejemplo, pero se repite de igual manera, en todos los aspectos de nuestras vidas, pensamos y hacemos lo que hemos decidido que es para nosotros, no nos permitimos dar un paso más, y cuando esto ocurre ya estás dando un paso más a la conciencia, porque estás trabajando desde tu SER.

Los problemas son sólo creación de la mente ella los crea (así mantiene su presencia) el SER crea libertad para manifestar tu verdadera naturaleza, la mente te limita por que la mente es limitada el SER te da amplitud porque no tiene límites, para la mente la vida debe ser complicada, sino la mente y el EGO no trabajan, el SER solo acepta los hechos como todos positivos y todos buenos, a partir de ahí nada es problema todo es vida.

En este capítulo has podido ver distintos aspectos de cómo funciona la mente, y tómalo solo así, como información solo eso, la conclusión más importante que tienes que considerar es que sepas que debes creer en ti mismo y ser *p o s i t i v o .*

Solo eso cuando sientas que estás en ese camino estarás curando esa mente que te ha llevado a lo que eres y al sanarla tendrás una vida más feliz.

Te recuerdo una vez más que ser positivo es el síntoma más importante que debes buscar.

Capítulo II: El Cuerpo

En este capítulo no pretendo dar una clase de anatomía, pero recordaremos algunos datos que son importantes tener en cuenta.

El cuerpo humano es la máquina más perfecta que se conoce, y que el hombre posee, consta de 206 huesos 650 músculos, la piel que lo recubre ocupa una superficie de aproximadamente de 2 mts², con sistemas que nos permiten someterlo a todo tipo de pruebas físicas, también está preparado para renovarse a sí mismo y lo hace automáticamente.

Por ejemplo el esqueleto de un Ser humano cambia completamente cada 10 años, la piel se renueva completamente de 4 a 8 semanas y el maravilloso cuerpo se adapta a las exigencias que le pedimos, pensar que el cuerpo se deteriora por el paso del tiempo, eso es una verdad relativa ya que nuestro cuerpo está preparado a ser más resistente o más vulnerable de acuerdo al uso que le damos, así encontraras personas muy jóvenes que tienen una resistencia física muy limitada, y algunas personas mayores que tienen una resistencia física que supera a muchos.

Recuerdo una competencia de Triatlón, (Ironman) el cual lo uso de ejemplo por ser un deporte muy exigente, en el año 2009 una de estas competencias que constan en total de unas 140,6 millas o casi 225 Km, y se compone de 2.4-millas (3.86Km.) Natación, 112-millas (180.25 Km.) bicicleta y una maratón (26miles385yardas, 42.195Km.) carrera.

Ese año el ganador de la misma fue un hombre de 55 años y competía en categoría de amateur, o sea que compite como hobby, cuando el promedio de ganadores en ese tipo de competencia es de 35 a 37 años y son Profesionales o Élite, (viven solo para entrenar y competir).

No estamos hablando que tengas que hacer estas competencias, pero es solo un ejemplo de que el cuerpo se adapta a los que le pedimos.

El cuerpo está preparado a hacer lo que le pidamos solo necesita que lo entrenemos y él lo hace.

Y ¿qué le pedimos? Esa pregunta respóndetela tú mismo.

Pero la realidad es que cuando la analizamos es que no podemos echarle la culpa al pobre cuerpo que solo se somete a nuestra voluntad, y lo que somos o hacemos es solo reflejo de lo que queremos y nos permitimos hacer.

Si eres una persona sedentaria y tu maravillosa máquina la usas solo para estar en posición horizontal descansando o sentada, no dudes que se oxidara como toda máquina que no le das uso.

Y lo mismo ocurrirá si le das alimentos como combustible de muy baja calidad y hará que trabaje mal o que se reduzca su rendimiento.

Recuerda el cuerpo solo es un reflejo de cómo lo cuidas, y tendrás los resultados de acuerdo a la atención que le pongas, se consiente de esto y podrás tener un cuerpo que funcione muy bien y se adapte a tus necesidades, pero si le dejas todo el trabajo y aparte no lo cuidas, ten la seguridad que se deteriorará.

Sano emocionalmente

Sano físicamente

Sabemos que a nivel físico y psicológico las emociones alteran nuestra química y las células de nuestro cuerpo haciendo que se produzcan las enfermedades, pero la realidad es que de la manera que manejamos nuestras emociones, también será de la manera que nuestro cuerpo enferma o estará sano.

El estrés es una de las enfermedades silenciosas, que afecta nuestro cuerpo, te has preguntado ¿qué es el estrés? Ni más ni menos que un paradigma creado en nuestra mente y se metaboliza en nuestro cuerpo con emociones tales como: abatimiento, aborrecimiento, aflicción, animosidad, ansiedad, aprensión, cólera, congoja, culpa, desdén, desesperación, desprecio, disgusto, dolor, engreimiento, envidia, exasperación, extravagancia, fastidio, furia, hostilidad, humillación, indignación, irritabilidad, menosprecio, miedo, mortificación, nerviosismo, orgullo, pena, pesar, pesimismo, remordimiento, resentimiento, angustia, odio, rencores, frustraciones, enojo y todo tipo de emociones negativas influyen en nuestro cuerpo, creando enfermedades, de las cuales solo se trata las consecuencias y no se atiende las causas.

Profesionales de la salud mental aseguran que cuando una persona no aprende a conducir sus emociones, especialmente las nocivas, puede caer en el desequilibrio emocional con innumerables consecuencias para la vida interior, la salud física, mental y social.

Si quitamos el estrés psicológico y sobre todo al cuerpo y dejamos que el cuerpo haga su trabajo es así que el sistema de auto curación puede trabajar.

De la misma manera que el cuerpo se enferma de adentro la curación debe venir de adentro.

El primer paso es tomar conciencia de que manera, afectamos nuestra salud cuando permitimos que las emociones y el estrés entran en nuestro cuerpo emocional.

De la misma manera que cuidamos los alimentos que ingerimos, cuidemos de las emociones, detectando las negativas, como alimento nocivo del alma y por ende de nuestro cuerpo que al producir daños, emocionales, también produce daño físico, y no estamos hablando que discriminemos a alguien por hacer un comentario negativo acerca del último partido de béisbol, no es esto a lo que nos referimos, sino a aquellas personas que tienen una actitud de negatividad critica, juzgar, menosprecio hacia ti u otras personas, ya que de esta manera estarás alimentando una actitud muy baja de energía que solo deteriora tu nivel energético, lo mismo es producto de situaciones.

Si te sientes bien estas teniendo pensamientos positivos.

Si te sientes mal son negativos.

Estas dos simples estrofas resumen el sentido de la idea.

La alegría es la más bella de las emociones porque es la emoción de la inocencia, del corazón, y es la más sanadora de todas, porque no es contraria a ninguna otra.

Un poquito de tristeza con alegría escribe poemas. La alegría con miedo nos lleva a contextualizar el miedo y a no darle tanta importancia.

Sí, la alegría suaviza todas las otras emociones porque nos permite procesarlas desde la inocencia.

La alegría pone al resto de las emociones en contacto con el corazón y les da un sentido ascendente. Las canaliza para que lleguen al mundo de la mente.

¿Y la tristeza?

La tristeza es un sentimiento que puede llevarte a la depresión cuando te envuelves en ella y no la expresas, pero también puede ayudarte.

La tristeza te lleva a contactar contigo mismo y a restaurar el control interno.

Todas las emociones negativas tienen su propio aspecto positivo, las hacemos negativas cuando las reprimimos.

¿Es mejor aceptar esas emociones que consideramos negativas como parte de uno mismo?

Como parte para transformarlas, es decir, cuando se aceptan fluyen, y ya no se estancan, y se pueden transmutar. Tenemos que canalizarlas para que lleguen desde el corazón hasta la cabeza.

Realmente las emociones básicas son el amor y el temor (que es ausencia de amor), así que todo lo que existe es amor, por exceso o defecto, constructivo o destructivo. Porque también existe el amor que se aferra, el amor que sobreprotege, el amor tóxico, destructivo.

Cada vez más personas sufren ansiedad, la ansiedad es un sentimiento de vacío, que a veces se vuelve un hueco en el estómago, una sensación de falta de aire… Es un vacío existencial que surge cuando buscamos fuera en lugar de buscar dentro.

Surge cuando buscamos en los acontecimientos externos, cuando buscamos muletas, apoyos externos, cuando no tenemos la solidez de la búsqueda interior.

Si no aceptamos la soledad y no nos convertimos en nuestra propia compañía, vamos a experimentar ese vacío y vamos a intentar llenarlo con cosas y posesiones. Pero como no se puede llenar con cosas, cada vez el vacío aumenta.

¿Y qué podemos hacer para liberarnos de esa angustia?

La angustia no se puede pasar comiendo chocolate, o con más calorías, o buscando un príncipe azul afuera.

La angustia se pasa cuando entras en tu interior, te aceptas como eres y te reconcilias contigo mismo.

La angustia viene de que no somos lo que queremos ser, pero tampoco lo que somos, entonces estamos en el "debería ser", y no somos ni lo uno ni lo otro.

El estrés es otro de los males de nuestra época…El estrés viene de la competitividad, de que quiero ser perfecto, quiero ser mejor, de que quiero dar una nota que no es la mía, de que quiero imitar.

Y realmente sólo se puede competir cuando decides ser tu propia competencia, si quieres competir hazlo contra ti mismo, y trata de ganarle a la persona que eres para ser otra mejor, eso tiene valor, cuando compites contra los demás, solo demuestras que tienes inseguridad de ser inferior, el que compite contra los demás, solo muestra una muy fuerte inseguridad en sí mismo.

Es decir, cuando quieres ser único, original, auténtico, no una fotocopia de nadie.

El estrés destructivo perjudica el sistema inmunológico, pero un buen estrés es una maravilla, porque te permite estar alerta y despierto en las crisis, y poder aprovecharlas como una oportunidad para emerger a un nuevo nivel de conciencia.

La felicidad, la satisfacción de compartir y el ayudar a los demás son los caminos más directos para aumentar tu energía personal.

Te aconsejo practicar todas las actividades que te brinden y den satisfacción en lo mental o físico, como los deportes, el baile, la gimnasia, cantar, pintar, caminar por un parque a la orilla del mar y demás.

La visita a lugares naturales siempre ayuda a elevar la vibración personal.

La risa da placer y aumenta considerablemente el nivel de bienestar o de energía personal además de acelerar los procesos curativos del cuerpo.

Rodéate de gente, que te haga reír, que tenga una actitud de vida positivo y optimista, mira programas cómicos, especialmente aquellos en que el humor no es personal, encuéntrale el lado cómico a todo lo que te sucede y verás cómo la soluciones aparecen más fácilmente, se divertido incluso de ti mismo, si ríete de tus equivocaciones y convierte un error en algo que te divierta y veras será más fácil luego atender la solución, descubrirás una fuente de energía muy poderosa.

Si estás muy enojado y alguien te hace reír, notarás que no puedes volver a enojarte como antes.

La risa y el enojo no son compatibles.

Cuando más nos reímos, más rápido desaparece la ira.

Concéntrate en las imágenes, palabras y sensaciones que te ayuden a vibrar en la frecuencia del amor y, entonces, el amor aparecerá en tu vida.

Recuerda que las energías iguales se atraen solo el Amor atrae al Amor.

¿Qué es la enfermedad?

La enfermedad es la mejor manera de reconocer algo que estamos haciendo mal, y no podemos verlo, podríamos considerarla como un maestro, una oportunidad para organizar la armonía superior en nuestra propia vida, a nivel físico, emocional, mental y espiritual.

¿Qué enferma primero, el cuerpo o el alma?

El alma no puede enfermar, porque es lo que hay perfecto en ti, el alma evoluciona.

En realidad, buena parte de las enfermedades son todo lo contrario, son la resistencia del cuerpo emocional y mental al alma.

Cuando nuestra personalidad se resiste al designio del alma es cuando enfermamos.

Un 80 por ciento de las enfermedades del ser humano vienen del campo del cuerpo emocional.

Las enfermedades muchas veces proceden de emociones no procesadas, no expresadas, reprimidas.

El temor, que es la ausencia de amor, es la gran enfermedad, el común denominador de buena parte de las enfermedades que hoy tenemos.

Cuando el temor se queda congelado afecta al riñón, a las glándulas suprarrenales, a los huesos, a la energía vital, y puede convertirse en pánico.

¿Cómo prevenir la enfermedad?

Somos creadores, así que creo que la mejor forma es creando salud. Y si creamos salud no tendremos ni que prevenir la enfermedad ni que atacarla, porque Seremos salud y la mejor manera de creer algo es primero visualizarlo como verdadero, luego lo materializas, mírate como una persona sana, y no concibas para ti mismo nada que no sea salud y bienestar, y veras que la enfermedad, no tiene cabida, solo piensa en salud y eso crearas en tu vida.

¿Y si aparece la enfermedad?

Pues tendremos que aceptarla porque somos humanos, también enfermó Jiddu Krishnamurti de un cáncer de páncreas y no era nadie que llevara una vida desordenada.

Mucha gente muy valiosa espiritualmente ha enfermado.

Debemos explicarlo para aquellos que creen que enfermar es fracasar.

El fracaso y el éxito son dos maestros, pero nada más. Y cuando tú eres el aprendiz, tienes que aceptar e incorporar la lección de la enfermedad en tu vida.

Somos las únicas criaturas sobre la tierra que podemos cambiar nuestra biología con lo que pensamos y sentimos.

Nuestras células están constantemente observando nuestros pensamientos y siendo modificadas por ellos.

Un ataque de depresión puede arrasar nuestro sistema inmunológico, serenarse por el contrario puede fortificarlo tremendamente.

La alegría y actividad armoniosa estar en paz con nosotros mismos y con nuestros semejantes nos mantiene saludables y nos prolonga la vida.

El recuerdo de una situación negativa o triste como el pronosticar la misma libera las hormonas y sustancias biológicamente destructivas que produce el estrés.

Sus células están constantemente procesando todas las experiencias y metabolizándolas de acuerdo con pensamientos e ideas acerca de cómo creamos nuestra vida.

No se puede simplemente captar datos aislados y confirmarlos con un juzgamiento, tú te transformas en la interpretación cuando las internalizas.

Quien está deprimido proyecta tristeza a todas las partes del cuerpo.

La producción de neurotransmisores a partir del cerebro se altera y varía el nivel de hormonas. El siglo del sueño es interrumpido los receptores neurolépticos en la superficie externa de las células de la piel se modifican, las plaquetas sanguíneas se tornan más viscosas y más propensas a formar grumos y hasta sus lágrimas contienen trazos químicos diferentes a las lágrimas de la alegría.

Todos estos hechos confirman la gran necesidad de usar nuestra conciencia y así poder crear los cuerpos que necesitamos.

Todo este perfil bioquímico será drásticamente modificado cuando la persona se sienta tranquila, Shakespeare no estaba siendo metafórico cuando a través de su personaje Prospero dijo: "Nosotros somos hechos de la misma materia que los sueños "

El proceso de envejecimiento puede ser neutralizado cada día.

¡Recuerde que al abrir su corazón y su mente evitara que algún cirujano lo haga por usted!

¿Usted quiere saber cómo está su cuerpo hoy? Entonces recuerde y piense lo que sintió ayer.

"La medicina está en ti y tú no la usas

La enfermedad vendrá a ti mismo

Y no te darás cuenta".

Hansrat Ali

El alimento de tu cuerpo y el de tu alma son igualmente importantes y entrelazados entre sí. Debes por lo tanto, prestar atención a la alimentación.

Comprenderás cual es el límite para no excederte, encontrando el equilibrio.

El cuerpo es nuestro medio de comunicarnos físicamente, el estar sanos es parte de nuestra responsabilidad, recuerda ***no puedes dar lo que no posees,*** si quieres calidad de vida, el ser sano es un componente supremamente importante como efecto de correspondencia, tendremos hijos con hábitos sanos y eso se logra educándolos y dando el ejemplo.

Cuando estamos hablando de salud física nos referimos a que necesitamos la salud como parte principal de continuar realizando las actividades.

El cuerpo y todos nuestros órganos son una máquina importante en el desarrollo, ya que sin salud se hace muy difícil practicar el resto de nuestros campos como la mente o el espíritu, ya que nuestra mente estará más enfocada en la enfermedad que en su espíritu y el espíritu será anulado por la falta de salud.

El ser humano le pone mucho énfasis en las dietas alimenticias y realmente tenemos que poner más énfasis en cultivar hábitos que perduren en el tiempo y practicar el ejercicio con un programa o sin él, producen el mismo efecto que los buenos momentos…, mejora nuestra vida y también la vida de los que nos rodean….

Si colocamos el foco en hacer hábitos, no dependeremos de dietas o programas de alimentación o ejercicios que van a durar lo que dure nuestra voluntad, y luego regresaremos a lo anterior, o sea lograremos resultados momentáneos.

Será muy aburrido, nos desanimaremos al ver como el esfuerzo que hemos tenido por una semana o meses se disuelve en unas horas.

La alimentación del cuerpo es el combustible que hace que la máquina perfecta que Dios nos ha dado funcione correctamente, dándonos todas las prestaciones que necesitamos, no lo dañemos, cuidémoslo como un tesoro más, de todos los que hemos recibido.

También se lo denomina como percepción extrasensorial o intuición.

Dios nos ha hecho a imagen y semejanza de él, eso solo puede probar que se nos ha dotado de todos sus poderes, solo nosotros tenemos que descubrirlos, para eso tenemos que ser conscientes de ellos y creer que lo tenemos y más aún aprender a llevarlos a la práctica. Ya es tiempo que despertemos a nuestra conciencia y vivamos para lo que hemos sido creados, al tomar conciencia que somos seres dotados de cualidades y dones, de las cuales ni nosotros mismos damos crédito, hasta que, ocurre que algo o alguien nos lo permite ver.

Nuestro tan famoso sexto sentido, el cual el sexo femenino lo tiene más desarrollado y el hombre está en proceso de desarrollar, es el de nuestra percepción, la cual se manifiesta de muchas maneras, pero lo más importante es que todos lo poseemos y no todos lo usan, como todo músculo se atrofia cuando no se le da uso, y como todo se aprende cuando se practica.

Tenemos miles de maneras de usar este sexto sentido, desde el saber que alguien no nos atrae, porque sabemos que es opuesto a nuestra manera de ser, o cuando percibimos que algo bueno o malo nos puede ocurrir.

Somos seres espirituales y/o seres de luz que nos manifestamos en cuerpos físicos, y para que eso lo podamos percibir, deberemos despertar nuestro sexto sentido, que es el menos desarrollado.

¿Porque?   El Ser humano es perezoso por naturaleza ya que es el sexto sentido nos hace trabajar, de ahí que cultivemos los sentidos que físicamente se pueden ver.

Sentido de la vista

Sentido del tacto

Sentido del gusto

Sentido del olfato

Sentido del oído

Y el más importante lo hemos abandonado gracias a la influencia de nuestra educación, ya sea por acción u omisión nos ha indicado que el sentir es sólo para débiles sólo para seres que carecen de carácter o no tienen la fortaleza para enfrentar la duras pruebas de la vida ¿ eres demasiado sensible?

¿Te recuerda alguien esa frase?, como verán esta afirmación en sí misma suena con cierta proximidad de la época de las cavernas.

El tiempo ha demostrado que los afortunados que fueron tildados de sensibles son los que en estos días disponen de mayor fortaleza espiritual al permitirle sobrellevar las cambios que los supuestamente fuertes de carácter tienen problemas para enfrentar en estos tiempos

¿Cómo se compone tu cuerpo, mente y espíritu?

Todo nuestro cuerpo está lleno de fuego y también de espíritu, ocupa el cien por cien dentro de ti.

El aire son tus maneras de pensar y ascienden si eres ligero.

De agua tenemos más del 80%, que son los sentimientos y se evaporan.

Y tierra somos menos del 20%, ¿qué te cuesta cargar con eso?

¿Y para qué quieres el cuerpo?

Pues para disfrutar, porque mantienes los cinco sentidos y ya no sufres apegos.

Ahora tienes más información acerca de tu cuerpo, úsala para cuidarlo, recuerda que es el único que tendrás a lo largo de tu vida y de cómo lo atiendas dependerá de cómo lo disfrutes, un cuerpo sano es una bendición trata de mantenerlo así, y si no lo es usa esta información para ayudar a curarlo, después de todo tu eres la principal persona que gozara de sus beneficios.

La palabra espíritu viene del Latín *espíritus,* que significa aliento, como el aliento es sinónimo de vida, la palabra denota que el alma que sigue viviendo y se separa del cuerpo sin vida.

El espíritu es la "sustancia" de los seres humanos, la parte de nosotros que nos hace iguales, hermanos.

Factores como la raza o el contexto de vida son los "accidentes" o los que nos diferencian.

Todo ser vivo tiene espíritu, las plantas los animales.

El termino espíritu tiene varias definiciones en lo popular ya que también es utilizado ocasionalmente como sinónimo de personalidad o carácter.

En nuestro caso lo aplicaremos a la parte del Ser humano que nos provee de la energía vital que nos permite evolucionar.

Vamos a explicarlo para que de esta manera tener un punto de referencia, ya que hay muchos y variados conceptos.

El espíritu también es denominado como alma, básicamente son sinónimos pero se los usa de acuerdo a la aplicación de diferentes maneras, algunos estudiosos o teólogos podrían desmenuzar cada palabra y darles meticulosamente significados diferentes, pero nuestra idea no es hacer un manifiesto de los términos sino, simplemente entenderlo.

Luego de esto tú podrás sacar sus propias conclusiones.

Se habla que el alma es la parte que abandona el cuerpo cuando la persona muere, pero en este caso no se usa la palabra espíritu.

El espíritu básicamente es lo que nos da la vida, voy a explicarlo antes que se preste a malinterpretación.

El significado de dar vida no está referido en esta caso a un SER que respira y late su corazón para que pueda estar presente físicamente y también que tengamos un cuerpo, ya que desde mi perspectiva, compartida por muchos otros escritores, somos seres espirituales en cuerpos humanos.

¿Cómo entendemos esta frase?

Nuestro espíritu, es el que con su conciencia nos da la energía vital que nos convierte en seres que evolucionamos en una conciencia espiritual, esta conciencia es algo que forma parte de nuestro SER, no es algo que exista de acuerdo a nuestra decisión, el espíritu está ahí creas en él o no.

La diferencia radica que a medida que tomamos conciencia de esto más podremos entenderlo…

¿Cómo podemos escuchar a nuestro espíritu?

Esta es una buena pregunta, ya hemos descubierto que hay una parte de nosotros en la que podemos confiar, esa parte de nosotros que aún no podemos definir, algunos la llama intuición o percepción, o sexto sentido pero no sabemos muy bien cómo conectarnos con ella, como comunicarnos, que lenguaje usar para establecer un dialogo. Tú podrás experimentar que nuestro espíritu siempre está hablándonos, pero somos nosotros los que no lo escuchamos.

A veces, porque esperamos que nos hable como una voz humana que se escuche en nuestra mente otras porque simplemente no estamos abiertos a escucharlo, los ruidos del exterior tapan la comunicación que nuestro espíritu quiere entablar.

Estamos tan atentos al ruido externo, que no podemos escuchar a nuestro espíritu tratar de comunicarse.

Podemos definir tres niveles de contacto ya que no olvidemos que la comunicación existe pero en un lenguaje al cual no estamos habituados.

El primer **nivel,** al principio, el espíritu usa nuestras emociones, para comunicarse.

En nuestra mente estamos demasiado contaminados con pensamientos del EGO, que no nos permite distinguir lo que nuestro espíritu quiere decirnos, ya que son muchas voces hablándonos al mismo tiempo.

Es por eso que su presencia se hace saber cuándo estamos en silencio, la meditación es una buena práctica para estar en un estado de serenidad y silenciar la mente. Es el primer paso para de esta manera tener una sensación de bienestar y calma. Y así, podemos colocar la atención en lo que sentimos.

Si estamos en paz ante una situación, con una persona, o alguna idea, es nuestro espíritu confirmando que estamos sintonizados con él y nos confirma que es el pensamiento, la persona o la situación y es lo correcto.

Si experimentamos paz, equilibrio, alegría, gozo el espíritu nos está diciendo sí …adelante.

Cuando no experimentamos paz interior, nos sentimos alterados, temerosos deprimidos es el aviso que lo que algo no está bien, nos alerta que nos espera una experiencia conflictiva puede SER de caos, desarmonización o conflicto.

Esta parte es muy importante prestarle atención ya que muchas veces se produce, y nuestra mente nos lleva a aceptarlas como habituales, y lo que se logra es solo alimentar el dolor emocional que nos coloca en posición de sufrir, y se acepta como parte de nuestras vidas, recordemos que esto ayuda que el EGO subsista.

No lo permitamos y reconozcamos como un síntoma, no como la causa.

Y también saber que podemos cambiar este sufrimiento si lo deseamos, por una emoción positiva.

Hay un **segundo nivel** de comunicación.

Cuando ya estamos atentos a las emociones, el espíritu nos habla a través de otras personas.

Allí donde hayamos depositado la fe, allí hablara el espíritu: un amigo, un libro o la palabra de un guía espiritual.

Pero también puede hablarnos desde un cartel en el medio de la calle, un mensaje en la radio o una canción.

Luego, cuando crece la confianza, el espíritu se manifiesta directamente en nuestra mente.

Nos habla a través de las ideas. Cuando pedimos, aparece el pensamiento en el que confiaremos.

Sin ninguna duda, con fe absoluta no olvidemos que si tenemos dudas no es el espíritu, sino la mente la que nos habla

El espíritu manifestado no permite la duda, él es absoluta sabiduría y nosotros debemos corresponderle con la fe.

Y el **tercer nivel**, finalmente nos entregamos al espíritu, lo convocamos y actuamos sin ningún filtro de intermediarios o razonamiento.

No necesitamos pensar, pedimos a nuestro espíritu que obre en nosotros y hablamos, hacemos o actuamos con entrega y dedicación ya que hemos aprendido a escuchar ese mensaje que está en absoluta sabiduría para que sigamos un camino absolutamente sintonizados con Dios.

Así es como el espíritu va pasando del lugar "espiritual" en que lo ponemos, a hacerse nuestro amigo y finalmente SER conscientes que somos uno con él.

Y el principio de esta relación es la paz.

Cuando nos conectamos con la paz interior, comenzamos a descubrir una profunda relación con nuestro espíritu, que podemos experimentar mientras estemos en este cuerpo físico.

La Fe es una palabra y se le suele dar diferentes interpretaciones.

¿Qué significa y cómo aplicarla? Desde que el mundo es mundo se ha utilizado para motivar e incentivar las voluntades del Ser humano pero realmente sabemos su significado o lo que es más interesante aún ¿sabemos cómo aplicarla para nuestro beneficio?

Una de las características que nos hace tan humanos es la de no practicar lo que profesamos, eso nos lleva al otro punto, ¿por qué cuesta tanto trabajo, llevar a cabo o ejercer lo que sabemos que nos hace bien? Todo el mundo tiene Fe en algo.

Algunos tienen Fe en el fracaso, en la enfermedad, en los accidentes y en el infortunio.

Cuando tú oigas incitaciones a tener Fe recuerda que ya la tienes, la pregunta será, ¿cómo la estás usando?

¿Positiva, o negativamente?

Fe es la seguridad de que su pensamiento es verdadero, por lo tanto, creer es aceptar definitivamente una cosa como verdadera.

La mente también tiene sus leyes y no fallan si se las sabe usar por eso:

Si dudamos en lo que queremos o no crees en lo que pides para ti, estás mandando órdenes opuestas y conflictivas para tu subconsciente, el mismo es un empleado que no discute y no razona, no selecciona, y no cuestiona sus directivas, inmediatamente empezara a obedecer, y se pondrá en marcha para generar.

La Fe nace con nosotros, el tema es como la usamos.

La Fe te permite ir más allá de lo que los ojos te permiten ver.

Se dice que las cosas se crean dos veces, la primera en nuestra mente, y la segunda físicamente, así es una de las maneras que la Fe trabaja, una vez que concebiste algo y crees que lo puedes materializar estas teniendo Fe.

De esta manera podemos decir que la Fe es confiar anticipadamente en lo que aún no ha pasado.

"La Fe te dará paz"

Esto se explica que cuando tienes la convicción de algo, ya dejas de preocuparte, tu Fe hace que ya lo veas realizado y no debes preocuparte reiteradamente, eso te da la serenidad y paz que de otra manera solo estarías ansioso y temeroso de que no se pudiera realizar

"La fe te da salud "

Cuando tienes fe los mecanismos orgánicos y químicos se activan en el cuerpo, y tener fe en que tu salud es perfecta o que puedes curar alguna enfermedad, es lo que hace que tu cuerpo actúe de manera inteligente para eliminar o mejorar cualquier estado de cambio químico en el cuerpo que pueda terminar en enfermedad hoy las personas que desarrollan la Fe son más saludables.

La preocupación complica la solución de un problema porque baja el nivel de la energía natural y vibratoria.

En nuestra cultura está "bien visto" y se considera normal que una madre se preocupe por su hijo.

Sin embargo, desde el punto de vista espiritual, la preocupación puede ser muy dañina porque aumenta la fe en lo negativo y agrava el problema.

La mejor manera de ayudar a una persona es "ocuparse" de ella para que mantenga la fe bien alta y piense en la solución feliz del problema.

Una madre que se angustia por la enfermedad de su hijo está demostrando tener más fe en la enfermedad que en la recuperación de su salud por lo tanto, su preocupación está ayudando a que su hijo se enferme aún más.

En ese caso, la madre deberá primero curar sus propios miedos para luego intentar ayudar a su hijo.

Esto no significa ser indiferente al problema, sino todo lo contrario, la diferencia esencial reside en que debe mantener toda la atención posible en la feliz solución.

La fe de la madre en la curación de su hijo será la mejor ayuda que él pueda recibir.

La fe te da fuerza para emprender y hacer lo que nadie, solo tú puedes ver, de esta manera tienes ayuda extra para concretar tus proyectos.

No se puede vivir de la Fe del otra persona, tu Fe es algo personal.

Todas estas estrofas afirman de qué manera la Fe se pone en práctica, lo más importante es hacer que esta fe sea parte de nosotros y la apliquemos también como parte esencial de nuestra existencia.

Creo que la Fe solo es manifestar o creer en nuestro SER.

"La Fe es Amor, el Miedo es Creencia"

autor anonimo

El SER sabe que queremos y si creemos en eso y actuamos en consecuencia es una manera que estaremos manifestando nuestra Fe.

Así se practica la Fe en nosotros mismos para empezar, luego cuando lo hacemos también con los demás, significa que estamos creyendo que los demás están en sintonía con nosotros.

Y recordemos que la Fe debe colocarse en cosas positivas de otra manera estamos alimentando la Fe en la mente, no en nuestro SER y eso también nos llevará a tener resultados negativos, la mente es limitación, no usemos la palabra Fe para definir la limitación de nuestra mente, estaríamos siendo manipulados por el EGO, que precisamente así conserva su existencia, usando palabras que nos confunden, una vez que tengas Fe y la apliques a tu vida, verás que los milagros empiezan a ocurrir.

Si tienes fe puedes lograr cualquier cosa en la que creas.

"Es pues la Fe la certeza de lo que se espera, la convicción de lo que no se ve"

Hebreos 11:La Biblia

"Conforme a vuestra fe os será hecho todo".

Mateo 9: 29.La Biblia

De lo que percibimos y moldeamos con nuestros pensamientos, palabras y acciones hay una energía magnética que atrae hacia eso.

Nosotros mismos somos su equivalente.

Por lo tanto por medio de nuestra Fe moldeamos nuestras vidas.

Nuestras experiencias en la vida es en verdad la fuente de nuestra Fe.

Ponemos nuestra Fe en lo que nuestra experiencia nos indica.

Nuestra experiencia tiene que ver por supuesto con nuestro punto de vista y nuestra actitud como con lo que en verdad ocurre.

Así descubrimos que lo que vemos es generalmente lo que obtenemos.

Mucho de lo que percibimos en el pasado define lo que percibimos ahora como nuestra fe.

Previamente se ha determinado nuestra Fe actual, que se ha convertido en una profecía que se cumple por sí misma.

"Mantén la fe puesta en ti y en tus objetivos y todo se cumplirá".

"La fe te dará ojos especiales para ver cosas especiales"

Victor Roude

Escritor Latinoamericano

¿Estamos preparados para aprender?

Nos hemos puesto a pensar ¿que tenemos en común las personas que habitamos este maravilloso planeta?

Seguramente lo primero que nos viene a la mente son temas tales como, que compartimos el planeta, la atmósfera, tenemos la misma composición física, los mismos órganos, aspecto físico dejando de lado las razas somos todos muy parecidos, pero el punto a donde quiero llegar es al inicio, lo que todos tenemos en común es que estamos acá en este plano físico porque hemos venido a recordar y aprender.

O sea que somos embriones de alumnos, pero vivimos en una realidad, que nos hace actuar como si fuéramos maestros, esta actitud es la que nos limita ya que no solo no nos permite aprender, sino que también nos pone en un plano de desatención total con respecto a las enseñanzas que se nos muestran todos los días con diferentes acciones o personas o situaciones

Se preguntaran ¿aprender qué?

Entender este tema es importante, ya que de otra manera continuaremos viviendo a base de prueba y error que es la manera más usual que nos caracteriza como seres humanos, la educación que hemos recibido no nos permite entender las cosas en otro plano que no sea lógico y el entender que somos alumnos, es el primer paso para aprender.

Nadie presta atención al aprender, a menos que crea que de alguna manera lo necesita.

Tenemos muchas maneras de saber que estamos recibiendo lecciones, en lo cotidiano más de una vez accedemos a ellas sin ser conscientes de esto y le damos diferentes interpretaciones.

Con cada relación interpersonal, amigos, familia, trabajo, estamos teniendo la oportunidad de aprender o de enseñar algo, recordemos que somos espejos de nosotros mismos y nos reflejamos en otras personas a través de nuestras actitudes, comportamientos o críticas o juzgamientos que realizamos.

Si observamos de qué manera se desarrolla la relación, podremos percibir que es lo que nos llega como el mensaje de lección o de enseñanza.

Cuando las actitudes de la otra persona nos molesta, estamos recibiendo la señal que algo de nosotros lo tenemos que corregir.

A veces sin ser conscientes, con nuestro accionar estamos enseñando algo a la otra persona, que al estar en posición de observador, habrá algo que quiera imitar o no pero siempre nuestro ejemplo enseña, y eso no significa que, sea sinónimo de buen modelo con una inmaculada conducta, sino que decir ejemplo, es la actitud del otro, pero **siempre es** positivo, y que estas oportunidades las canalicemos de esta manera solo dependerá de qué forma la aplicamos en cada uno de nosotros.

Actuar como alumnos es esencial a nuestro mejoramiento como seres humanos y lo que aún es más inmediato, es tener mejor calidad de vida al poder absorber conocimiento, aprendiendo nuestras propias lecciones.

Imaginemos que podemos acceder a una fuente de sabiduría increíble, la cuestionaríamos o solo trataríamos de absorber sus conocimientos, bueno en ese camino nos encontramos, si seguimos actuando como sabios, seguramente la primera reacción será cuestionar cada enseñanza, de otra manera estaríamos más receptivos para aprender.

Si bien compartimos el habitad, lo que no compartimos son las enseñanzas, todos tenemos diferentes lecciones, la percepción y sensibilidad de las personas es lo que hace que los temas metafísicos o espirituales sean más rápidamente comprendidos al ser leídos o escuchar de ellos, debido a que lees o escuchas cosas que ya te han pasado y has podido retener en tu mente como cosas muy especiales que no podías explicar, pero si poner atención en esos detalles, te colocaras en posición de entender.

Por otro lado hablamos de temas muy elevados, y seguimos discutiendo por temas cotidianos que no nos permiten aprender a tener relaciones cordiales con el resto de los humanos.

El aprender va de la mano de enseñar, ya que la persona que interpreta una lección, por su propia naturaleza quiere compartirla, y el entender la manera de compartir es otra enseñanza en sí misma.

Reconozcamos que debemos **vivir con la humildad** que tienen las personas que se reconoce ignorantes para de esta forma no cuestionar o querer competir con maestros que tienen la función de transmitir conocimientos.

"Todos somos ignorantes pero de diferentes cosas"

Albert Einstein

Un maestro, en sentido general, es una persona a la que se le reconoce una habilidad extraordinaria en una determinada área del saber, con capacidad de enseñar y compartir sus conocimientos con otras personas, denominadas discípulos o aprendices.

Los alumnos, son aquellos que aprenden de otras personas.

Etimológicamente alumno es una palabra que viene del latín *alumnum,* que deriva de la palabra *alere*, que significa alimentar, significa también "alimentarse desde lo alto", contraponiéndose al significado de "alumno" como "carente de luz", muchas veces usado en forma errónea.

Se dice de cualquier persona, respecto del que la educó y crió desde su niñez.

Pero uno puede ser alumno de otra persona más joven.

De hecho, al alumno se le puede generalizar como estudiante o también como aprendiz.

Somos alumnos durante toda nuestra vida porque la esencia del alumno es estar aprendiendo y no dejamos de aprender durante toda nuestra vida.

"Cuando le preguntaron al Principito, Principito ¿cuando dejamos de aprender? respondio, cuando dejamos de respirar"

El Principito .

Somos alumnos de las personas que nos enseñan independientemente de su edad.

Tú eres alumno de los que te rodean, pero en el plano de conciencia espiritual el maestro también se lo define como aquel que no sólo te enseña sino que te permite aprender desde otro plano.

Tenemos maestros en cada uno de los pasos que damos, algunos bueno y otros no, (desde la óptica mental o física) para nuestro gusto ya que cuando el maestro nos coloca en posición de tener que aprender una dura lección que no hemos querido aprender por largo tiempo seguramente la lección no será nada placentera y deberemos decidir si queremos asumir nuestro rol de alumno o bien, esperar que la vida quiera una vez más darnos la oportunidad de aprender eso que tanto nos cuesta.

El mejor alumno es aquel con ansias de aprender, es el que pondrá empeño en aprovechar las lecciones y sobre todo estar muy aplicado de superar las lecciones con la mejor calificación.

En esa parte encontramos a muchos alumnos que no creen que deban aprender, y eso lo coloca en una posición de mucho dolor y sacrificio, esos alumnos de la vida, llevan una enseñanza de muy duro camino, ya que cuestionan todo.

"La enseñanza, trae conocimiento a la ignorancia, y así convierte la inconciencia en conciencia"

Una de mis frases favoritas es:

"Aprendemos con los errores, enseñamos con el ejemplo"

Victor Roude

El enseñar es una manera de curar ya que consiste en compartir ideas.

Compartir es una forma de acercarte, y de esta manera te colocas en una posición de entender, (ya estas aprendiendo y enseñando).

Cuando comparas puedes ver cuál es la mejor manera para compartir conocimiento y si compartes, ya estás dando.

Si das ayudas, te enriqueces y así estás recibiendo un beneficio que te cambia a un estado de salud o sea, curas.

De esta manera cuando compartimos también reforzamos nuestro conocimiento, esto es importante de destacar porque cuanto más aprendemos, más queremos compartir nuestro conocimiento y enseñar lo que hemos aprendido.

Cuando das más conocimiento estas dejando más espacio para querer aprender más.

Cuando compartimos conocimiento, experiencias o nuestra sabiduría sentirás que creces de manera exponencial ya que por alguna razón se amplía tu capacidad de aprender y tu facilidad para interpretar lo que vives se hace mayor.

Compartir y dar te permite recibir no solo en cantidad sino en calidad.

"No hay nada noble en ser superior a otro sino ser superior a ti mismo"

Robín S. Sham

Perdonando a los demás te perdonas a ti mismo y deja ser a los demás como ellos decidan.

Cuando criticamos y juzgamos estamos viendo en el otro lo que no vemos en nosotros mismos.

Sí lo interpretamos de esta manera, puedes llegar a convertir esta visión en una herramienta muy útil para conocerte.

Una vez que resuelvas tus propios problemas internos, dejarás de criticar a los demás.

Las personas se pasan la mayor parte de su vida sintiéndose ofendidas por lo que alguien les hizo.

La sorprendente revelación que te voy a hacer, debería cambiar tus sentimientos con respecto a los demás.

¡Nadie te ha ofendido!

Son tus expectativas las que te lastiman emocionalmente.

Y las expectativas solo tú las creas con pensamientos, que no son reales, sino imaginarios.

Si tú esperabas que tus padres te dieran más amor, y no te lo dieron, no tienes porqué sentirte ofendido.

Son tus expectativas de lo que un padre ideal debió hacer contigo, las que se sintieron defraudadas.

Y tus ideas son las que te lastiman.

Si esperabas que tu pareja reaccionara de tal y cual forma y no lo hizo...

Tu pareja no te ha hecho nada, es la diferencia entre las atenciones que esperabas tuviera contigo y las que realmente tuvo, las que te hirieron, nuevamente, eso está pasando en tu imaginación, ¿Enojado con Dios? Son tus creencias de lo que debería hacer Dios las que te lastiman, Dios jamás ofende y daña a nadie.

Un hábito requiere de todas sus partes para funcionar, si pierde una, el hábito se desarma.

El hábito de sentirte ofendido por lo que te hacen otros (en realidad nadie te hace nada), desaparecerá cuando conozcas mejor la fuente de las "ofensas".

Cuando nacemos, somos auténticos, pero nuestra verdadera naturaleza, es suprimida y sustituida artificialmente por conceptos que nuestro entorno nos hace aprender, los padres, la escuela, la sociedad los medios de "comunicación creamos una novela falsa de cómo deberían ser las cosas en todos los aspectos de tu vida y como deben de actuar con nosotros y con los demás.

Una novela que no tiene nada que ver con la verdad.

También, las personas son criaturas de inventario.

A lo largo de su vida, coleccionan experiencias, padres, amigos, parejas, etc. y las almacenan en su inventario interior.

Las experiencias negativas dejan una huella más profunda en nosotros que las positivas.

¿Por qué es esto? Porque eso nos han enseñado.

Y cuando una persona es maltratada sea física o psicológicamente por otra, deja esa experiencia en su "inventario".

Cuando conoce a alguien, tiene miedo y trata de ver si la nueva persona repetirá las mismas actitudes que la o lo hirió.

Saca una experiencia de su inventario negativo. Se pone los lentes de esa experiencia y ve a las nuevas personas y experiencias de su vida, con esos lentes.

¿Resultado? Se duplican los mismos problemas y las mismas experiencias negativas.

Y el inventario negativo sigue creciendo, en realidad lo que hace es que te estorba.

No te deja ser el mismo niño que era confiado y feliz.

Y a medida que se avanza en años, se es menos feliz. Es porque el inventario negativo aumenta año con año.

¿Has visto a las personas de edad avanzada y a los matrimonios con muchos años? su inventario es tan grande, que parece que la negatividad es su vida.

Una y otra vez sacan experiencias de su inventario negativo ante cualquier circunstancia.

Una de las mayores fuentes de ofensas, es la de tratar de imponer el punto de vista de una persona a otra y guiar su vida.

Cuando le dices lo que debe hacer y te dice "no", creas resentimientos por partida doble.

Primero, te sientes ofendido porque no hizo lo que querías. Segundo, la otra persona se ofende porque no la aceptaste como es, es un círculo vicioso.

Todas las personas tienen el derecho divino de guiar su vida como les plazca.

Aprenderán de sus errores por sí mismos.

Déjalos ser. También, nadie te pertenece

Hay una anécdota que representa muy claro este punto.

Cuando los colonos americanos querían comprarles sus tierras a los Pieles Rojas, éstos les contestaron

¿Comprar nuestras tierras? Ni el fulgor de las aguas, ni el aire, ni nuestros hermanos los búfalos a los cuales solo cazamos para sobrevivir son de nuestra propiedad, es una idea completamente desconocida para nosotros.

Ni la naturaleza, ni tus padres, ni tus hijos, tus amigos o parejas te pertenecen. Es como en las aguas o el aire, no los puedes comprar, no los puedes separar, no son tuyos, solo los puedes disfrutar como parte de la naturaleza.

El cauce de un río no lo puedes atrapar, solo puedes meter las manos, sentir el correr de las aguas entre ellas, y dejarlo seguir".

Las personas son un río caudaloso, cualquier intento de atraparlas te va a lastimar, amalas, disfrútalas y déjalas ir si así lo desean.

Entonces ¿Cómo puedo perdonar?

1) Entiende que nadie te ha ofendido, son tus ideas acerca de cómo deberían actuar las personas las que te hieren, estas ideas son producto de una máscara social, que has aprendido desde tu infancia de forma inconsciente.

Reconoce que la mayoría de las personas nunca van a alinearse con esas ideas que tienes, porque son ideas falsas creadas por tu mente.

2) Deja a las personas SER, deja que guíen su vida como mejor les plazca, es su responsabilidad, dales consejos si te los piden, pero permite que tomen sus decisiones, es su derecho divino por nacimiento: el libre albedrío y la libertad.

3) Nadie te pertenece, ni tus padres, amigos y parejas. Todos formamos parte del engranaje de la naturaleza.

4) Deja fluir las cosas sin resistirte a ellas, ama todo pero déjalo SER, así es el amor no tomando posesión sino dejando en libertad.

5) No pienses demasiado, ábrete a la posibilidad de nuevas experiencias, no utilices tu inventario, abre los ojos y observa el fluir de la vida como es, cuando limpias tu visión de lentes obscuros y te los quitas, el resultado es una nueva visión.

6)   La perfección no existe en la conducta de las personas, en el plano físico, ni el padre, amigo, pareja es perfecta. Es un concepto creado por la mente humana que a un nivel intelectual puedes comprender, pero en la realidad NO EXISTE.

Para un pez, el mar perfecto sería aquel donde no hay depredadores.

¿Existe? No.

Sólo a un nivel intelectual. En la realidad JAMÁS VA A EXISTIR. Naturalmente, al pez sólo le queda disfrutar de la realidad.

Entender como una supuesta frustración, el hecho de que el mar no es como quiere que sea, no tiene sentido.

Deja de resistirte a no aceptar las personas por no ser como tú quieres.

Acepta a las personas como el pez acepta al mar y ámalas como son.

7)   Absorbe y llénate con la vida. La vida real es más hermosa y excitante que cualquier idea que tienes del mundo.

8)   Imagina a esa persona que te ofendió en el pasado. Imagínate que ambos están cómodamente sentados. Dile porqué te ofendió. Escucha su explicación amorosa de porque lo hizo, y perdónala.

Si un SER querido ya no está en este mundo, utiliza esta dinámica para decirle lo que quieres, escucha su respuesta y dile adiós. Te dará una enorme paz.

9) A la luz del corto período de vida que tenemos, solo tenemos tiempo para vivir, disfrutar y SER felices. Nuestra compañera la muerte en cualquier momento, de forma imprevista, nos puede tomar entre sus brazos. Es superfluo gastar el tiempo en pensar en las ofensas de otros. No puedes darte ese lujo.

10) Es natural pasar por un periodo de duelo al perdonar, deja que tu herida sane. Descárgate con alguien para dejar fluir el dolor.

Vuelve a leer este capítulo las veces necesarias y deja que los conceptos empiecen a sembrar semillas de conciencia en tu interior.

Aprende con honestidad los errores que cometiste, prométete que no lo volverás a hacer y regresa a vivir la vida.

Creemos que amamos a alguien porque nos brindamos a esa persona pero, a la vez, le exigimos que haga lo mismo hacia nosotros.

El verdadero amor es incondicional, al verdadero amor sólo le interesa darse y expandirse, no necesita nada a cambio.

Nosotros al no estar en un nivel de perfección, nuestro EGO entabla una "negociación" con nuestra pareja para encontrar la supuesta felicidad. En la mayoría de las relaciones amorosas encontramos un perfecto drama, lleno de juegos, acusaciones e intrigas. Cada vez que estés hablando de condiciones, obligaciones, estructuras y culpas, estás lejos de vibrar con la energía del Verdadero Amor.

Si para sentirte amado exiges a tu pareja que te llame tantas veces al día, que te diga ciertas palabras, que cumpla ciertos horarios o formalidades, entonces estarás preparando el camino directo a tu infelicidad.

Tarde o temprano, la persona no podrá cumplir con tus exigencias o expectativas y la desilusión será inevitable.

El drama, la culpa y la manipulación hacen que la vibración personal llegue a niveles muy bajo y lo único que puede esperarse de ello es que se presenten más problemas, dolor o desencantos.

Cuando sientas angustia, miedo, soledad o la tendencia de culpar a otra persona por tu infelicidad, deberá recordar que:

Todo lo que ocurre por fuera

es el reflejo de lo que pasa por dentro.

Cada una de estas afirmaciones nos ayudan a recordar que, nuestras actitudes son reflejo de nuestros pensamientos y cuando reconocemos las que nos hacen sentir mal también reconoceremos que debemos cambiar en nosotros mismos para SER y estar mejor.

Deseas lograr una meta pero para alcanzarla deberás encomendarte a un maestro o guía que te ayude a superar los obstáculos.

Inicialmente conservarás la inocencia típica de los niños después, gracias a la experiencia, finalmente serás consciente de tus actos.

El ser consciente de tu realidad hace que no pierdas gran parte del camino de la vida.

Las mejores maneras de perder la realidad y no dejar que tu conciencia se manifieste es:

❖ Mirarte a ti mismo como centro de todo.

❖ Concentrarse por largo tiempo solo en un objetivo.

❖ Pensar solo en nosotros mismos.

❖ Mirar y pensar todo solo con nuestra personal opinión.

❖ Si quieres tener una relación buena y placentera con las personas que te circundan, haz uso de tu sinceridad y honestidad.

❖ También con quien es diferente a ti, no debes encerrarte en el silencio, sé disponible, para que los demás se te acerquen espontáneamente y con alegría.

❖ Aprovecha este momento para crecer y madurar. Ahora puedes trabajar en tu elevación espiritual y alcanzar metas importantes.

❖ Recuerda que crecerás más a prisa si en tu camino ayudas a elevarse a las personas que te necesitan y que están cerca.

 La técnica de ayudar es muy efectiva si lo haces de manera consciente, ¿qué significa?

Sí ayudas te ayudas, así aprenderás que debes ser completamente honesto contigo y con tus semejantes en la actitud de entrega, será un proceso pero te garantizo que cuando lo hayas logrado te hará sentir muy bien contigo mismo con el tiempo no te re resultará ningún esfuerzo el ayudar a los demás y los beneficios son abundantes.

Si te sientes confundido y no comprendes de qué forma actúas.

En este momento es mejor que te retires y observes la situación desde afuera, en un rincón tranquilo.

Renunciar a la acción no significa ser derrotado, en cambio, es un signo de gran sabiduría.

Juntarás nuevas fuerzas, evaluarás los hechos e intervendrás en el momento adecuado.

"Conéctate con tu espíritu" todo lo que este capítulo expresa tiene esa sola intención que si no estás conectado estarás sobreviviendo no viviendo, el equilibrio entre las partes hace al todo, tú ya lo has experimentado por ti mismo y también lo compruebas diariamente.

Asume tu naturaleza espiritual y a partir de ahí siéntelo y déjalo ser para que ese espíritu te ayude hacer que tu existencia sea plena sana y feliz.
O acaso no es lo que todos queremos?…

"El hombre habiendo nacido de la carne renacerá en el espíritu"

La biblia

Aprender de la Naturaleza

La naturaleza está regida por leyes.

El estudio de la Naturaleza nos demuestra que existe un orden natural regido por leyes.

El hombre va descubriendo a travez del examen, comparación de los hechos y la observación este orden natural que se realiza por la armonía, la cual es la adecuada relación entre las partes y el todo.

Por esto a la Naturaleza en su conjunto se la llama Universo, o sea la realización de lo uno en lo de varios.

Echemos un vistazo sobre las principales leyes de la Naturaleza.

- **Ley del movimiento** - El movimiento es el modo de manifestación universal. La vida es movimiento. La inercia es muerte. Todo en último término son vibraciones porque este movimiento alterna con momentos de reposo.

- **Ley del amor**. El amor - que es atracción de dos o más seres para unificarse es ley de armonía, y por tanto de creación y conservación de la vida. El amor, pues, supone la renuncia de sí mismo en bien de todo lo que no es uno mismo, y para manifestarse requiere la conciencia de que todos los seres son hermanos, como salidos del mismo origen.

En los minerales y cuerpos químicos se manifiesta como afinidad; en los animales como instintos, atracción sexual; en el hombre como cariño, simpatía y en grados más elevados como verdadero amor espiritual, ya en forma de idealismo o de sacrificio.

La existencia de la repulsión, la destrucción y el odio, no implica la no existencia del Amor, como veremos al hablar de la ley de los contrarios, sino que la confirma y la justifica.

• **Ley de Evolución**. Todo lo existente lleva inevitablemente la tendencia y fuerza para convertirse en algo superior. Filosóficamente, esta ley es una consecuencia de la ley del Amor que atrae a todos los seres hacia la unidad de su Origen.

La evolución emplea como medio el mecanismo misterioso de la Vida y de la Muerte. La inteligencia y la voluntad evolucionan en formas materiales (cuerpos).

• **Ley de los ciclos**. Todo lo existente evoluciona por ciclos. Llamándose ciclo a una trayectoria (movimiento), en el tiempo y en el espacio, al final de la cual, los seres, aunque en forma semejante a la del comienzo, han avanzado un grado en su evolución.

Las enfermedades tienen su ciclo que termina en salud o muerte. Las semillas germinan, nacen, dan una planta que a su vez da finalmente semillas que contienen en potencia las nuevas experiencias vitales de la misma; el día y la noche forman un ciclo terrestre que renace en otro día; el año es otro ciclo que, comenzando en la primavera y tras las maduración del verano, las tristezas del otoño y el sueño del invierno, renace en una nueva primavera, el ciclo de la vida humana, comenzando en esa dulce primavera de la niñez y siguiéndola el épico período de la madurez y el lírico de la vejez, termina en la muerte (comienzo del ciclo puramente espiritual), para cerrarse en nuevas manifestaciones.

• **Ley de Finalidad.** La evolución tiene un sentido finalista, es decir, la consecución de un objetivo de índole trascendental y metafísica. Efectivamente, la evolución tiende a conseguir estados de conciencia más elevados, afinando y perfeccionando la materia y la inteligencia. La negación de la finalidad en todo lo creado, equivale a tanto como afirmar que, en la Naturaleza, con todos sus dolores y alegrías, todo se mueve, gira y vive por capricho, y sin otro motivo que pasar el rato que a cada cual le toca en el mundo. Esta es una afirmación absurda hasta para el menos exigente filósofo.

• **Ley de Jerarquía**. Todo ser o cosa está subordinado a todo aquello que es superior en grado evolutivo, y tiene poder o mando sobre todo aquello que le es inferior en la escala de la evolución. En efecto, el espíritu rige la materia, la inteligencia al cuerpo, el cerebro a los miembros; los animales más inteligentes vencen a los menos inteligentes, el hombre vence a todos los animales y se sobrepone a sus semejantes menos dotados de facultades, etc.

- **Ley de Armonía**. La existencia de todos los seres, exige una adecuada relación entre las partes y el todo, que se manifiesta por el máximo de libertad y rendimiento en la función de cada parte, juntamente con el máximo de ayuda mutua a favor del todo.

Vemos pues que nada ni nadie aislado tiene valor por sí mismo, sino por sus relaciones con las demás partes.

Todo, según esta ley, coopera ordenadamente al plan natural, cumpliendo el papel correspondiente a su grado evolutivo. El egoísmo desmedido, como el sacrificio extremado, no pueden conducir a buenos resultados: el segundo porque destruye al individuo; el primero porque destruye la colectividad.

Aplíquese esta ley al cuerpo humano y se verá que el secreto de su salud o armonía estriba en la justa cooperación de cada órgano en el conjunto y en la justeza de su propia función.

Si una orquesta es capaz de efectuar un concierto, es por el orden, proporción, combinación y medida, según la ley de tiempo y compás, de la actuación de cada instrumento en el conjunto rígidamente subordinados a la batuta del director; y esta batuta directora, nos da el ejemplo de la necesidad de un principio de orden superior que sea capaz de abarcar las leyes del conjunto.

- **Ley de adaptación**. Todos los seres adaptan su vida al medio que los rodea para defenderse contra él y para aprovecharlo en su beneficio. El sujeto desnudo al sol se pigmenta, no sólo para defenderse contra las radiaciones luminosas, sino para aprovecharlas en beneficio de su salud y vigor.

Las plantas muy soleadas se ponen más verdes con el mismo objeto. El hierro expuesto a la intemperie se cubre de una capa de óxido (orín) que le protege más contra la acción de la atmósfera. El individuo que vive en sociedad se adapta a los convenios colectivos para no ser eliminado y para realizar sus fines particulares.

El microbio dentro del organismo, cambia de forma, se cubre de una cápsula, segrega antifermentos..., para defenderse de la falta de sustancias nutricias y contra las defensas orgánicas del cuerpo que le sustenta, etc.

La ley de adaptación es recíproca (sub-ley de reciprocidad causal) por cuanto el medio ambiente es modificado o por los seres vivos, que es a quienes corresponde la iniciativa del cambio.

• *La ley de adaptación* se halla condicionada por la de los contrarios y la de los ciclos, porque todos los seres vivos evolucionan por la acción alterna de agentes contrarios (trabajo-reposo, frío-calor, sueño-vigilia, vida-muerte...) cíclicamente como hemos visto.

• *Ley de Selección* - En la lucha que para adaptarse al medio mantienen los seres, prevalecen los más sanos, más fuertes, más inteligentes y más buenos; garantizando de este modo el progreso evolutivo de la Naturaleza toda.

Las epidemias mismas, barriendo toda la escoria humana en determinados momentos, y dejando persistir a los organismos más defendidos y más puros, cumple -a veces tristemente- la ley de selección. Y personas al parecer vigoroso, y positivamente cultas y virtuosas, son arrastradas en aras de esta ley, porque a la Naturaleza no le importan las ideas y los espíritus (que éstos no mueren), sino los organismos físicos sobre los cuales se ha de desarrollar la cultura y se manifesta la verdad.

• **_Ley de Herencia._** Todos los seres adquieren o heredan los caracteres físicos y psíquicos de sus progenitores.

Los caracteres psíquicos (pasiones, instintos. pensamientos, capacidades emotivas) se heredan también según leyes concretas menos conocidas.

Todos tenemos el ejemplo de la continuación en nuestros hijos, de ciertas tendencias psicológicas nuestras.

Lo bueno se hereda para el progreso de las especies, pero no menos cierto es que también se hereda lo malo, conduciendo a la degeneración de los seres. Piensen pues bien en esta ley los que han de dar descendencia al mundo.

• **_Ley de los contrarios._** Para que todo SER o cosa sea perceptible se necesita un contraste, una diferencia o una variación.

Si no hubiese luz no habría sombras, si no hubiese verdad no existiría la mentira, si no hubiese vicio no existiría la virtud. La electricidad se nos manifiesta como positiva o como negativa, dejando de existir actualizada cuando ambas se neutralizan, y quedando entonces potencialmente.

Toda vibración (y el movimiento vibratorio ya hemos visto que es el único medio de manifestación) es fruto de las fuerzas centrífuga y centrípeta.

En cuanto una cesa, el movimiento se anula.

El trabajo y el reposo, la noche y el día, el sueño y la vigilia, la vida y la muerte, son agentes contrarios que no pueden existir separados.

Podrían ponerse infinitos ejemplos, pero concluyamos, que la percepción de cualquier cosa exige la existencia de su contrario, que la complementa y constituye con ella la unidad. Es la ley de los Opuestos Complementarios, que nos da el claro-oscuro de la vida, digna de ser meditado por los que creen que de la vida puede ser suprimido el mal sin que en el instante dejemos de saber lo que es el bien.

- **Ley de causa y efecto**. Todo acto o fenómeno tiene una causa productora, como a su vez produce también un efecto, (el cual no es sino la causa reproducida en otra forma. ¿Cómo podemos imaginarnos que algo exista sin que haya una causa de su existencia?

La casualidad no existe, ni el destino ciego tampoco. En la causalidad, en el determinismo que encierra esta ley hallamos la base más firme de una fe razonada.

Esta ley es la misma de Acción y Reacción. Todo ser, al actuar como agente causal, produce una modificación en el medio universal que le rodea, que es un efecto representado por una reacción del medio proporcionada y condicionada a la acción primitiva, y cuya finalidad es restablecer el equilibrio o armonía, alterado por la acción.

Los objetos de las acciones vuelven siempre sobre el sujeto que las realiza, como las ondas provocadas en el estanque por la caída de un objeto, vuelven, al chocar con las orillas, al centro de donde partieron, hasta restablecer el equilibrio perturbado de las aguas.

Adáptate

La ley es implacable…

ADÁPTATE O DESAPARECE

Una nueva interpretación

Que es la realidad sino la consecuencia de tus pensamientos y emociones, o sea un reflejo de nosotros mismos, lo que nos lleva a pensar que más hay, tenemos más opciones y si hay más opciones puede que la nuestra no sea ni la mejor ni la más saludable de las opciones .

Por definición sabemos que las apariencías engañan pero pueden cambiar, y la realidad es inalterable y si no puedes ver más allá de las apariencías te podría decir que estas dejándote engañar, quien crea la realidad, sino nosotros mismos, si así lo hacemos, no podemos decir que nos estamos engañando, formando una realidad en base solo a apariencías, el milagro de la Fe es que tú puedes cambiar las apariencías demostrando que estas pueden cambiar y así cambias la realidad, si no aceptas este concepto no te pasara nada terrible pero lo que sí es seguro es que estas *creando limites* a tu propia realidad.

Cuando tu oras y le pides a Dios en oración un milagro, que alguien se cure que suceda tal o cual cosa que excede tu realidad, y lo que tratas es de cambiar las cosas de manera milagrosa es cuando la Fe actúa.

Pero en realidad estas poniendo la Fe fuera de ti y no a través de ti, el pedido debería ser que Dios te permita poder hacer o lograr tal o cual cosa y no que él lo haga por ti, esa es parte del milagro que tú puedes lograr con las cosas, pero la primer parte es que lo desees y la segunda... que lo pida.

Esos son dos muy simples elementos que por simples que parezcan no son menos importantes, ya que nadie logra nada si no lo desea primero, recuerda... no puedes lograr nada si primero tu corazón no lo desea y segundo tu mente lo vea realizado.

En este muy resumido análisis quiero pedirte que pienses de qué manera, te limitas en tu vida cotidiana, ya sea en lo mental, físico o espiritual, somos los únicos que dejamos de creer que tenemos posibilidades infinitas y por ende nuestro mundo se ve reducido a un mínimo exponencial.

Entre tanta gente que habita este planeta encontramos una raza muy particular y son los escépticos, todo necesita ser probado miles de veces y demostrado hasta el cansancio y así y todo continúan dudando.

Ellos son las personas que no pueden creer a pesar de que las cosas son obvias pero el escéptico se contradice a sí mismo, cuando de alguna manera habla de las cosas que no se pueden ver pero él sabe que existen, al   fin escéptico y negativo deben ser sinónimos ya que llegan a la misma conclusión.

Las personas escépticas en general tienen características propias o mejor dicho se auto anulan para no lucir como incrédulos ante la vista de los demás EGOS solo creen lo que ven, ya hablamos de lo que esto significa ¿verdad? lo que se ve es sólo una pequeña parte de las cosas que nos rodean y que afectan nuestras vidas.-

Lo cual coloca al escéptico en un plano de muy poco informado.

¿Te identificas?

Ellos ponen en vigencia el poder de la limitación, o la no Fe puesta de manifiesto ¿conoces a alguien así?

Tal vez no sea tu caso pero si tienes alguna característica, presta atención podrías estar en un camino de pequeñez extrema que sólo te daría la posibilidad que desperdicies todo el caudal de magnificencia que hay en ti.

Se lo podríamos atribuir entonces a la educación, en parte algo de eso hay pero en realidad lo más importante son las creencias históricas que nos han hecho ver todo de esta manera.

Recuerda "la falta de educación crea dependencia" la dependencia no es solo aplicado a un patrón que te contrata, también se manifiesta, de esta manera tú la aceptas y la creas, de esta forma compensar tu falta de información, y en este proceso creas una dependencia crónica, que anula tu iniciativa.

Si podemos explicar lo que nos pasa, es porque podemos entender cómo es que nos pasa y estaremos más cerca de entender porque estamos viviendo una vida llena de cosas perfectas, donde lo único que actúa como algo imperfecto es nuestra actitud, si formamos parte de la naturaleza, y se supone somos la reyes de la creación, (de por si ésta es una definición científica-religiosa)

Lo que significa que somos los seres pensantes y con el poder de adaptación por encima a otros seres que habitan este planeta.

Entonces por qué nos empeñamos en parecer la cosa más imperfecta, será que han grabado errónea información en nuestra mente.

Educándonos es parte de los caminos para realmente corregir malas enseñanzas, ejercitar la sensibilidad, ser perceptivos, no podemos ser tan limitados, que aprendamos solo de lo que nuestros ojos creen ver.

La física quántica devela algunos de los misterios que no podemos entender trayendo luz a los fenómenos físicos que hasta ahora eran invariables.

Una de las cosas que hay que asumir definitivamente es que las leyes físicas y no físicas se cumplen crea o no en ellas. Creamos nuestro mundo a partir del momento que lo pensamos, solo necesitamos saber qué es lo que queremos para tenerlo.

Las cosas más simples son en realidad las que manejan esta vida o dimensión que vivimos, pero no las aceptamos porque nos han enseñado que si es fácil no sirve.

Si te identificas ya superantes el primer escalón, te estas admitiendo y eso es muy bueno por qué quieres hacer algo diferente, conociéndote y aceptándote puedes saber que debes cambiar.

¡Felicitaciones!

Hay muchas analogías que debemos cambiar, una de ellas la que se refiere a como nos extraña ver a alguien diferente a nosotros.

Cuando en realidad es lo normal, lo extraño es encontrarse con personas similares a nuestra manera de ser o pensar independiente de culturas o razas, cuando en realidad es parte de este mundo que todos seamos absolutamente diferentes, lo extraño en realidad es encontrar personas similares en gustos o en preferencia o en el simple hecho de poder comunicarse con fluidez independiente de las lenguas.

Tenemos derecho a tener un perfecto bienestar, y abundancia en todos los aspectos que es el resultado de tener confianza en nosotros mismos y en la fuente creadora, hasta que esto no se concreta solo se realizaran débiles intentos que desperdician nuestra energía tratando de tener mayor bienestar, usando los medios inadecuados, pero los medios verdaderos nos han sido otorgados y no requieren ningún esfuerzo por nuestra parte.

Evolución de la conciencia

Hemos empleado siglos enteros solo tratando de demostrar lo inteligentes que somos como raza humana, y en ese camino, hemos asesinado a miles de millones de nuestra especie solo para probar o imponer ideas políticas o hacer experimentos, hemos y seguimos dañando nuestra madre tierra solo con fines económicos, millones de niños y mujeres y hombres siguen muriendo de hambre, y sobre todo más de la terceras cuartas parte del planeta esta asumida en una ignorancia absoluta, analfabetismo y no analfabetos (ignorancia al fin).

Todo es energía y todo es conciencia ¿porque? por qué la energía es conciencia en sí misma.

Lo que literalmente pasa dentro tuyo es tu lenguaje, que aunque no es oral es muy real, la importancia de entender este lenguaje es conocido desde tiempos remotos.

Varias civilizaciones enteras en el pasado han estudiado y observado, este universo de seres que habita este planeta y así lograr este conocimiento, y sobre todo querer transmitirlo para que las futuras generaciones lo puedan aprovechar.

Y como único propósito fueron creadas muchas de sus antiguas estructuras y edificios, los Egipcios, los Mayas, los Babilonios etc.

Y de esta manera querer dejarnos un legado y representar su evolución.

La auténtica y verdadera evolución es la evolución de la conciencia, dicha evolución es el estado gradual del conocimiento, pero los cambios revolucionarios de cada ciclo van produciendo y llega cuando se eleva la resonancia del Universo, el tiempo se acelera al fin de cada siglo. En tales momentos la evolución llegara muy rápidamente.

Actualmente vivimos uno de esos momentos.

La tierra es un ser consiente con completa conciencia de sí misma.

Ella está evolucionando y la raza humana evoluciona junto con ella.

No solo está localizada en este planeta o en este sistema solar o ni siguiera a esta Galaxia.

Es universal porque es la misma energía creadora de todo, es la misma conciencia la que está evolucionando.

La conciencia está al borde de crear una realidad totalmente nueva, y la humanidad es su vector, el pórtico entre lo superior e inferior, y nuestra elección será el resultado de lo que traerán estos cambios, ya sea dentro de cada uno de nosotros ya sea dentro de mí y dentro de ti .

Es una cuestión de energía, un juego de libre albedrío una cuestión de elección entre el amor y el temor.

En definitiva nadie hará nada a menos que piensa que lo necesite, ¿tú que crees?

Necesitas hacer o pensar algo diferente o ¿todo está bien para ti?

Mientras transitamos las dos realidades, el punto de equilibrio y unificación está en el corazón.

El camino a transitar es buscar la conexión con la sabiduría interior. No nos hace falta llenarse de información ni hacer esforzados aprendizajes.

Hay que buscar la conexión interior que es la puerta a la conexión con tu espíritu que quiere manifestarse, fuente de toda la sabiduría que necesitamos hoy.

Tenemos muchos temas que como estamos viendo hay que tener en cuenta , pero algo es básico, como todo proyecto de vida hace falta tener las herramientas para hacer posible esto, seguramente ya algunas las tenemos y otras vendrán solas pero no olvidemos que la valentía de enfrentar un cambio es parte importante, cuando reconozcamos realmente que queremos hacer, vamos a tener una disyuntiva muy importante que es realmente si queremos seguir haciendo y pensando como lo hemos hecho hasta ahora o bien tomaremos el camino que sabemos dentro nuestro es el correcto, ahí decidirás como quieres que sea tu vida .

No esperes el último minuto de tu vida física para decidir por que ya será tarde.

Te diré algo hoy es un día especial imagínate ¿porque? ya sabes más que ayer y menos que mañana no dejes que solo unos años 20 /30/40 o 70 años hagan que no te des la oportunidad de sentirte diferente, de vivir diferente y de compartir con las personas que amas una vida especial, porque *ese eres tú, un SER especial*, y ahora ya lo sabes, eso no va a cambiar lo creas o no, eso eres, pero si decides creerlo, actúa como tal … ya eso depende solo de ti.

¿Qué harás?

Con cada una de las experiencias que aceptamos como negativas y nos hace sentir dolor, frustración, angustia, miedo, violencia, tristeza, desarmonía, desprecio, irresponsabilidad, desamor, discriminación, odio, ira, retroceso, venganza, envidia, celos, rechazo, etc. nos coloca más cerca de conocernos, porque todas estas emociones producen dolor emocional y el dolor emocional cuando lo podemos convertir en conciencia es el que nos pone en un plano más elevado, cuando reconozcamos los beneficios que puede producir un cambio de actitud y de pensamientos, podemos decir que estaremos transformando nuestro propio universo .

¿Tú le dirías a un niño que no creciera?

Absurdo verdad, sin embargo como adultos, ¿por qué nos resistimos a crecer, cambiar y a mejorar nuestro desarrollo?

¿Es que acaso pensamos que llegada a cierta etapa de nuestra vida, ya hemos crecido lo suficiente o sabemos demasiado? Observa la naturaleza, ¿cuándo algo deja de crecer? Todo cambia, todo se transforma y nosotros nos quedamos con lo que vemos, no somos conscientes del Universo que esta dentro nuestro, está esperando que le demos la oportunidad de manifestarse a través solo de nuestro deseo, somos los únicos que podemos hacer esto, al probar que más allá de lo que vemos, *hay muchas más vidas que nuestros ojos no pueden apreciar.*

Y con esto también hacemos que todo lo que está a nuestro alrededor también cambia mágicamente, todo nuestro entorno… Es un efecto de onda, y se vuelve más intenso en sí mismo, cada uno lo impulsa con más energía, y gana impulso en intensidad y en calidad.

No creas lo que te digo… solo experiméntalo.

Levántate un día y solo deja que sea tu corazón el que decida.

Probablemente tu mente te dirá, eso no se puede hacer así de fácil. Bien ahora se tú el que decide y no tu mente.

¿Cómo es esto? Bien, te diré, siente desde lo más profundo de tu SER de qué manera te gustaría actuar con las personas.

Actúa diferente y practica la empatía (ponerse en el lugar del otro) preocúpate por lo que le pasa a las personas y ocurrirá algo mágico, veras que tu magia se trasmite y las personas, ya son diferentes contigo, y aunque no lo puedas ver ellos lo serán con los suyos.

No tienes que hacer nada muy especial solo demuestra que te interesas pero sinceramente, escucha a los demás. Pero escúchalos con el corazón (como es esto)… siente cada palabra, cada gesto como se comunica si está ansioso, triste, alegre si mueve mucho las manos, el cuerpo o respira agitado o sereno, siéntete como se está sintiendo esa persona y en solo una fracción de segundo, estarás practicando algo que creemos es solo para algunos elegidos, "la percepción" , si no te rías esto es así, cuando estés en este estado sabrás que tienes que decirle a la otra persona, que es exactamente lo que necesita .

Y serás un SER que da amor a alguien y te estarás regalando ese minuto para que la otra persona sienta que realmente lo escuchas, y no actuar con el EGO, que piensa respuestas mientras la otra persona te habla, que siempre quiere tener demostraciones de poder, y mostrar que sabe y si no lo sabe inventa respuesta para no aparecer como ignorante.

No te gustaría que alguien se te acercara y solo se interesara por ti, y tu sientas que es un interés sincero y con el solo beneficio de escucharte y tal vez demostrarte que pudo regalarte un minuto de su vida no crees que es algo fantástico, ya "sin pensar "te has convertido en alguien que generosamente ha regalado a otro SER lo más valioso que tenemos, nuestro tiempo. ¿No te sientes diferente?

Bueno empieza tú... se tu propio jefe o líder y empieza a SER tú el creador de tu propio cambio y veras que resultados tendrás solo por hacer algo diferente.

¡Te aseguro que los beneficios son muchos!

Esta palabra se ha puesto muy de moda en estos últimos tiempos y se escucha cada vez más pero todos la aplican de manera diferente.

Creo que el Ser Humano puede despertar de muchas maneras, la mejor interpretación se la podemos dar con cosas simples.

Tales como terminar de entender que estamos actuando de una manera irracional, se actúa como si no pensáramos o no sintiéramos, esa actitud destructiva e insensible con la que se actúa con los seres que nos rodean ya sea de nuestra especie u otra, nos demuestra que tenemos que aprender a pensar y a sentir de manera que nos ayude a SER actuar de mejor manera.

Eso es todo un desafío…

¿Es tu desafío?

No pienses que estas compitiendo, él desafío es contigo mismo no contra otros.

Gran parte de este paradigma es terminar de entender que gran parte de esta humanidad actúa de manera contraria a como debiéramos, cosa que nos pone en un terreno muy peligroso de mucha ignorancia, las pruebas están a la vista ¿verdad?

Y como se suele decir "Ignorante no es el que no sabe sino el que cree que sabiendo actúa como si supiera".

Tenemos que permitirnos el cuestionarnos nuestras acciones sobre todo cuando vemos que producen un efecto contrario al esperado.

Y también cambiar la manera de pensar y hacer las cosas.

En ese exacto momento estaremos despertando a lo que los grandes maestros que han pasado por esta humanidad, han tratado de decirnos…

Despertemos…

Y podremos comprobar algo muy simple y no por eso menos importante.

Que nuestra vida terrenal es solo un reflejo, si reflejo de cómo actuamos, pensamos y lo mejor es como reaccionamos.

El despertar de conciencia está ocurriendo aquí y ahora, las señales están presentes a tu alrededor.

Los ángeles tocan sus trompetas, porque así lo has pedido y esperan a que escuches su divino llamado, quizás has escogido continuar en tu letargo, quizás aún deseas seguir experimentando las barreras de la dualidad, quizás escuchas el llamado y temes abrirte a un mundo nuevo que sientes desconocido, quizás deseas despertar pero no logras encontrar la forma de hacerlo, o bien, ya has soltado amarras, estás abriendo tus ojos y estás comenzando a mirar la vida, la existencia y a los demás, bajo una nueva perspectiva y de a poco empiezas a sentir el sabor de la libertad y el placer del amor.

Despertar no es un acto de magia, aunque llenará de magia tu vida.

Despertar no tiene nada que ver con tu mundo externo, aunque todo lo que te rodea parecerá tener un nuevo brillo.

Despertar no cambiará tu vida, si bien sentirás que todo ha cambiado.

Despertar no borrará tu pasado, pero al mirar atrás lo percibirás como la historia de alguien muy querido que aprendió muchas cosas, pero sentirás que ese alguien ya no eres tú.

Despertar no despertará a tus seres queridos, pero ellos se verán más divinos ante tus ojos

Despertar no sanará todas tus heridas, pero ellas dejarán de gobernarte.

Despertar no solucionará tu situación financiera, pero te sentirás rico.

Despertar no te hará más popular, pero ya no volverás a sentirte solo.

Despertar no te embellecerá ante los ojos de los demás, pero te hará perfecto ante tu propia mirada.

Despertar no te dará más poder, pero descubrirás el poder que tienes.

Despertar puede que no disuelva los barrotes de tus cárceles, pero te dará la libertad de ser tú mismo.

Despertar no cambiará el mundo, te cambiará a ti, y por ende ante tus ojos, cambia el mundo para ti.

Despertar no quita responsabilidad, muy por el contrario te dará conciencia de las consecuencias de tus actos y elecciones.

Despertar no te hará tener siempre la razón, más bien ya no sentirás deseos de tenerla.

Despertar no traerá caudales de amor a tu vida, descubrirás que ese caudal habita en ti.

Despertar tiene poco que ver con lo que imaginas y tiene todo que ver con el amor.

Despertar es amarte a ti mismo, con tus límites y con tus experiencias, es amar al otro como parte de tu SER y es amar a la existencia, amar esta bella vida tan sorprendente y variada en todos sus matices.

Para despertar busca toda la ayuda que puedas, lee los libros que encuentres, asiste a los encuentros que te inviten, medita, respira y espera, todo ayudará, pero finalmente sólo tú harás la alquimia, pues nada puede precipitarla, sólo tu intención de que suceda.

Y aún si no hicieras nada de nada, espera tranquila, igual ocurrirá.

Si ya has despertado y ves como duermen los demás a tu alrededor, entonces camina en puntillas, respeta su sueño y descubre la perfección de sus propios tiempos, así como fueron perfectos los tuyo.

Cuando ellos abran los ojos el fulgor de tu brillo los ayudará a despertar sin necesidad que hagas nada.

Si aún duermes, relájate y disfruta tu sueños, estás siendo arrullado y cuidado.

Permítete disfrutar de la experiencia de SER, el maravilloso SER que ya eres, tu vida es un acto sagrado pues es la creación del Dios que hay en ti, ese eres tú.

Para los que han despertado están

despertando y despertarán.

Percibo una sublime luz que enciende y avivas otras luces.

Veo un noble Corazón, que abre más y más corazones.

Contemplo innumerables manos que se unen, alzan y celebran, escucho palabras de aliento, que movilizan el alma.

Siento como el amor crece y se agiganta.

Aunque no divise tu rostro, sé que eres tu eterno amigo, que intensamente estas trabajando para cumplir con tu misión.

No detengas tu marcha. Viniste a transformar la realidad.

Tenemos un acuerdo, admítelo, de ayudarnos a recordar el sentido de este viaje.

Sin embargo estas palabras exceden nuestro bello compromiso.

Te escribo porque me siento honrado de presenciar como tu espíritu al igual que el de muchos otros, libera su encanto para convertir la apatía y el desgano en campos de fe y esperanza.

Río por que la tristeza llora al verte llegar, sabe que se queda sin trabajo.

Disfruto de tu manera simple y efectiva de emitir vibraciones luminosas, que encandilan y extinguen la pesadez de las sombras.

Sé que tu tarea es desgastante.

Comprendo que estas expuesto a la violencia de quienes buscan marchitar todas las flores.

No te preocupes, el cultivo crece bajo la custodia de los reinos cristalinos.

Nada, ni nadie, impedirán el total florecimiento de la luz. ¡La Magia existe!

No te das una idea lo increíble que se ven los coloridos entramados de conciencia que, entre todos estamos ayudando a co-crear.

Prometo traerte hasta este lugar soñado, que encontré, en la ladera de la montaña.

Quiero que lo sepas, en este preciso instante hay una abeja que se posa sobre tu nombre.

Reconoce que eres una flor, muy especial, que contiene el dulce néctar de los corazones que son puros. Hasta que nos volvamos a ver, te abrazo a la distancia con la luz que te añora desde el centro de mi pecho.

Dejo que estas palabras te lleguen donde quieras que te encuentres, por obra y gracias de la sincronicidad.

Continúa brillando con el mismo coraje y la decisión de siempre.

Lo sabes, sin embargo todo tu SER se electriza cuando alguien te lo recuerda.

Viniste a transformar la realidad.

Nuestra relación con la tierra y con prójimo es lo que manifiesta nuestro grado de conciencia.

Hemos ido con el tiempo de tanto materialismo y consumismo separándonos en esta relación en vez de alimentarla, y el resultado ha sido un alto grado de indiferencia.

Hemos privilegiado lo material a lo espiritual, y eso solo nos ha colocado en un plano de miedo y egoísmo.

Parecería que ya no tenemos tiempo para lo importante, y nos ocupamos solo de lo urgente, por eso es que sentimos que el tiempo se acelera ante nosotros.

Que ya no tenemos tiempo para querernos, para la calma, para respetarnos, para ser solidarios y menos aún para pensar que legado estamos dejando por no tener tiempo

Tal vez lo que los Incas, Los Mayas, los Alquimistas, los Chamanes, los Hopi y los sacerdotes lo que están haciendo es enseñarnos a vivir, y tienen un mensaje que no podemos desoír.

Ha habido más cambios en los últimos 50 años que en miles de años anteriores, los cambios se están acelerando a todo nivel, con solo tener la curiosidad de que ocurriendo a nivel planetario, y galáctico podrás descubrir con toda la información disponible que el cambio es un hecho y no solo de la tierra, sino de nosotros mismos que somos parte de este universo y nos afectara, creamos o no en esto.

La historia como la conocemos se está terminando, la historia está por sufrir una metamorfosis, y nos toca a nosotros decidir cómo queremos que sea la próxima etapa.

Será eso lo que la gente de la antigüedad también quería transmitirnos, no solo anticiparnos el fin de una etapa y el comienzo de otra, etapas que cambiarían todo incluso a la raza humana.

Es un hecho que el actual sistema de vida está agotado, ya hemos hecho nuestro mejor esfuerzo por contaminar el agua del planeta, cortar todos los árboles, pescar todos los peces, y sobre todo olvidarnos que se nos ha dado la vida como una bendición.

He pensado en el Apocalipsis, que es la versión Cristiana del fin de los tiempos, y que cada uno tiene su propio Apocalipsis, un día todos y cada uno de nosotros tendremos que afrontar nuestro final del tiempo.

Los Mayas no dejaron sus calendarios de legado juntamente con sus profecías y entre ellos la cuenta larga que termino el 21 de diciembre del 2012.

¿ Qué paso?   ¿Qué interesante no?

Podría ser que sentimos que NO paso nada, o pudo ser el final de algo épico, este es otro de los tantos.

¿Somos realmente conscientes de que tenemos nuestras manos el futuro y como será, dependerá de cómo actuemos?

Estamos caminando hacia el futuro y seguimos pensando que lo que se describe como probable ocurra, pero lo probable será que tendremos más contaminación, más población, más agujeros de ozono, eso será lo más probable, pero tenemos que aspirar a un mundo mejor.

Yo invitaría a los lectores a vivir plenamente en conciencia, siendo amables con nosotros mismos y con el prójimo y preguntándonos como podemos dar el mejor servicio diariamente a nuestras vidas y por ende a los que nos rodean.

Que podemos hacer para mejorar el mundo?.

Vayan a donde vayan como podemos mejorar el lugar donde estamos?

Al hacerlo de forma individual, en los sitios o con el prójimo, nos convertimos en mejores personas y también les daremos a las futuras generaciones la opción de vivir mejor y en un planeta que se lo respete, siguiendo este código de conducta, crearemos otro mundo, esto no es una utopía es una necesidad y lo creamoslo o no los cambios se producirán, lo más inteligente seria que acompañemos esos cambios, y no ofrecer resistencia.

Es muy probable que los que se resistan a los cambios sean dejados de lado.

Querido amigo negar nuestra naturaleza espiritual, es continuar negando nuestra naturaleza perfecta y pura libre de toda imperfección, miedo e interferencias con nuestra fuente de Dios creador, nadie que admita su perfección en si misma puede cuestionar alguna imperfección a menos que tenga miedos o dudas y las dudas no forman parte de la perfección, asumamos lo falso de lo verdadero para lograr una conciencia pura, solo de esta manera podremos reconocernos, cuando lo haremos podremos tener paz y equilibrio entre nuestro SER interior y nuestra mente física y así ser armónicos con el prójimo y la naturaleza.

Esto es solo cuestión de tiempo, todos llegaremos a este punto, en esta búsqueda es inevitable reconocer que hay algo mejor por la sola comparación de que nuestra vida no nos da placer o satisface y así continuamos en la búsqueda, así inevitablemente nos llevará a encontrarnos. El tiempo solo indicara cuanto más tiempo estamos dispuestos a sufrir, la resistencia al dolor ya sea emocional o físico puede ser grande pero no es ilimitado, eso también es nuestra decisión y será el motor más importante que este proceso de crecer, conocernos y tomar conciencia.

Hemos recorrido siglos y siglos de enseñanzas colectivas de mala información.

Hemos dejando que el ser humano colectara mucha información errónea por acción u omisión y eso nos ha puesto en un camino lleno de dificultades.

Pero como todo lo que es perfecto en sí mismo también puede regresar a la fuente y curarse de esos errores, tenemos que dejar de creer en lo falso, (EGO) y de esta manera encontrarnos a nosotros mismos reconociendo lo verdadero (SER) parte de este crecimiento está en las decisiones que tomemos y asumir este cambio como parte de nuestras vidas es parte del primer paso, eso nos traerá el desafío de dejar en el pasado lo que ya no nos ayude a crecer y adoptar una nueva forma de ver y hacer las cosas, consciente que nos permita ser nosotros mismos, o acaso después de todo, la relación contigo mismo no es la relación más importante que tienes?.

Nuestra fuente creadora nos ha dotado de todo, cuerpo, mente y espíritu reconocer esta verdad es el primer paso, el segundo es tu decisión.

Recuerda que esta naturaleza perfecta no puede verse con los ojos físicos, la verdadera naturaleza solo se ve con los ojos del alma lo imperfecto no reconoce lo perfecto en sí mismo.

Debemos participar consciente y voluntariamente en nuestra transformación individual. Con esta actitud, nuestras energías se expandirán con un efecto domino y así lograremos una transformación colectiva.

Este libro te dará herramientas para orientarte y ayudarte a encontrar caminos, recórrelos y encuéntrate.

Verás que cuando llegue ese momento sabrás que valió la pena el esfuerzo y nada de lo que conoces te puede dar más paz y equilibrio.

También ya sabes cómo estás compuesto y entendiendo las partes, sabrás también que necesitas para estar en equilibrio y así la armonía se manifieste.

Es mi deseo más profundo que estas palabras aquí escritas lleguen a tu corazón y te ayuden a conocerte para saber mas de ti.

Te doy las gracias por tu presencia y por hacer que este trabajo tenga sentido.

Nacemos y nuestros padres, maestros, amigos nos enseñan a observar a los demás, y de esa manera nos dicen que así sabremos cómo debemos actuar o interactuar con el medio o que hacer en tal o cual caso, eso nos va formando una realidad en nuestra mente con la cual nos identificamos, y a medida que le damos valor, la convertimos en nuestra realidad.

Pero lo que no nos explican es que lo más importante no es conocer a los demás, sino aprender a conocerte a ti mismo.

No hay otra fórmula, en este sistema social y de vida nadie te enseña cómo ser buen hijo, buen padre, buen esposo/a o abuelo si tomamos la familia como pilar y celula de la sociedad, menos aún lo que nadie te enseña es que, el tener que conocernos a nosotros mismos hará que podamos tener una vida mejor y así es como podemos trabajar sobre nuestras fallas, ya que de esta manera habrá más oportunidades de llevar una vida diferente.

Porque cuanto esto ocurra y te conozcas tendrás varios beneficios, el más importante es que serás libre, si libre ya que nada ni nadie te podrá hacer creer que eres esto o aquello, de una u otra manera tú y solo tú sabrás como eres y que quieres, también sabrás como lograrlo, no te parece fantástico?

Créeme, el camino no es fácil pero tampoco imposible, tenemos todas las herramientas y recuerda que no puedes vivir todas las vidas en una sola pero sí... puedes aprender de otros que ya lo han hecho.

Me sigues… ésta es una de esas oportunidades aprovechala, experimenta por ti mismo la fantástica experiencia de saber a través de otro, y no necesitaras 1000 años de vida para aprender todo, solo tener la oportunidad de recordar lo que ya has vivido y lo que es más importante, tendrás más herramientas para saber cómo quieres y de qué manera deseas vivir esta vida.

Siempre se dice lo mismo ya lo sabes y ahora que harás con eso?.

"Todos somos ignorantes, pero no todos de las mismas cosas"

Albert Einstein

Esa frase llena de sabiduría nos ayuda a entender que podemos aprender de otros que saben cosas que nosotros no.

Ese es parte del truco, deja que los que experimentaron te enseñen y luego tú decides.

No quieras experimentar todo, eso no es inteligente, tenemos miles de años de sabiduría.

Nuestros ancestros nos han dejado un legado de conocimientos y testimonios para ayudar a las futuras generaciones a ser más sabios y nosotros pretendemos experimentar todo en apenas unos años y no tienes más que una sola vida, bajo tus actuales circunstancias.

Actúa con amor y recibirás amor, da amor incondicional y estarás conectado con Dios, permítete sentirlo y tu vida ya no será nunca la que has vivido hasta ahora.

Todos hemos sido creados para vivir una muy simple,

Bella y maravillosa vida.

Mi más grande deseo es que comiences

a ver la vida de manera diferente.

Si aceptas tu vida como algo para lo que fuiste creado, ya no volverás a cuestionar cuáles vidas son largas y cuáles no.

Mi deseo es transmitir a cuanta gente sea

Posible un poco más de amor.

¡Ten Amor incondicional!

Reparte tus bendiciones… de esta manera,

Cuando las tormentas azoten tu vida, piensa

En aquéllas personas a las que ayudaste

Como un regalo para ti mismo… por toda la

Fortaleza que te dieron y las enseñanzas que te transmitieron.

No nos quedemos con lo que sabemos,

compartámoslo, es la manera de saber

más y ser mejores, y en ese camino

encontraremos personas que aportaran

su parte, que es tan valiosa como el

que dio el primer paso.

Victor Roude

PROFECÍA DE LOS INDIOS HOPI (1920)

Con elocuencia y simplicidad,
la profecía de

los Hopi nos recuerdan que

la forma en que vivimos
nuestras vidas

Determina el camino que
vamos a seguir.

La elección está en nuestras
manos.

TU MISIÓN EN LA VIDA

NO ES CAMBIAR AL

MUNDO.

TU MISIÓN
ES   CAMBIARTE
A TI MISMO.

NOTAS

Texto Taoísta

Hansrat Al

 Dr. Eduardo Alfonso

 Texto de Julio Pagano

  Kubler-Ross, E.

  "On Life after Death" Ed. Celestial Arts. U. S. A: 1991

<u>Otros libros de Victor **Roude**</u>

Ziran (perder todo para ganar todo)

7 Pasos para vivir cerca de Dios

Piense en Positivo y sea Feliz

Ideas Saludables (piensa mejor en el siglo XXI)